U0033704

吳忠信日記

（1952-1953）

The Diaries of Wu Chung-hsin, 1952-1953

民國日記 ｜ 總序

呂芳上
民國歷史文化學社社長

人是歷史的主體，人性是歷史的內涵。「人事有代謝，往來成古今」（孟浩然），瞭解活生生的「人」，才較能掌握歷史的真相；愈是貼近「人性」的思考，才愈能體會歷史的本質。近代歷史的特色之一是資料閎富而駁雜，由當事人主導、製作而形成的資料，以自傳、回憶錄、口述訪問、函札及日記最為重要，其中日記的完成最即時，描述較能顯現內在的幽微，最受史家重視。

日記本是個人記述每天所見聞、所感思、所作為有選擇的紀錄，雖不必能反映史事整體或各個部分的所有細節，但可以掌握史實發展的一定脈絡。尤其個人日記一方面透露個人單獨親歷之事，補足歷史原貌的闕漏；一方面個人隨時勢變化呈現出不同的心路歷程，對同一史事發為不同的看法和感受，往往會豐富了歷史內容。

中國從宋代以後，開始有更多的讀書人有寫日記的習慣，到近代更是蔚然成風，於是利用日記史料作歷

史研究成了近代史學的一大特色。本來不同的史料，各有不同的性質，日記記述形式不一，有的像流水帳，有的生動引人。日記的共同主要特質是自我（self）與私密（privacy），史家是史事的「局外人」，不只注意史實的追尋，更有興趣瞭解歷史如何被體驗和講述，這時對「局內人」所思、所行的掌握和體會，日記便成了十分關鍵的材料。傾聽歷史的聲音，重要的是能聽到「原音」，而非「變音」，日記應屬原音，故價值高。1970年代，在後現代理論影響下，檢驗史料的潛在偏見，成為時尚。論者以為即使親筆日記、函札，亦不必全屬真實。實者，日記記錄可能有偏差，一來自時代政治與社會的制約和氛圍，有清一代文網太密，使讀書人有口難言，或心中自我約束太過。顏李學派李塨死前日記每月後書寫「小心翼翼，俱以終始」八字，心所謂為危，這樣的日記記錄，難暢所欲言，可以想見。二來自人性的弱點，除了「記主」可能自我「美化拔高」之外，主觀、偏私、急功好利、現實等，有意無心的記述或失實、或迴避，例如「胡適日記」於關鍵時刻，不無避實就虛，語焉不詳之處；「閻錫山日記」滿口禮義道德，使用價值略幾近於零，難免令人失望。三來自旁人過度用心的整理、剪裁、甚至「消音」，如「陳誠日記」、「胡宗南日記」，均不免有斧鑿痕跡，不論立意多麼良善，都會是史學研究上難以彌補的損失。史料之於歷史研究，一如「盡信書不如無書」的話語，對證、勘比是個基本功。或謂使用材料多方查證，有如老吏斷獄、法官斷案，取證求其多，追根究柢求其細，庶幾還原

案貌,以證據下法理註腳,盡力讓歷史真相水落可石出。是故不同史料對同一史事,記述會有異同,同者互證,異者互勘,於是能逼近史實。而勘比、互證之中,以日記比證日記,或以他人日記,證人物所思所行,亦不失為一良法。

從日記的內容、特質看,研究日記的學者鄒振環,曾將日記概分為記事備忘、工作、學術考據、宗教人生、游歷探險、使行、志感抒情、文藝、戰難、科學、家庭婦女、學生、囚亡、外人在華日記等十四種。事實上,多半的日記是複合型的,柳貽徵說:「國史有日歷,私家有日記,一也。日歷詳一國之事,舉其大而略其細;日記則洪纖必包,無定格,而一身、一家、一地、一國之真史具焉,讀之視日歷有味,且有補於史學。」近代人物如胡適、吳宓、顧頡剛的大部頭日記,大約可被歸為「學人日記」,余英時翻讀《顧頡剛日記》後說,藉日記以窺測顧的內心世界,發現其事業心竟在求知慾上,1930 年代後,顧更接近的是流轉於學、政、商三界的「社會活動家」,在謹厚恂恂君子後邊,還擁有激盪以至浪漫的情感世界。於是活生生多面向的人,因此呈現出來,日記的作用可見。

晚清民國,相對於昔時,是日記留存、出版較多的時期,這可能與識字率提升、媒體、出版事業發達相關。過去日記的面世,撰著人多半是時代舞台上的要角,他們的言行、舉動,動見觀瞻,當然不容小覷。但,相對的芸芸眾生,識字或不識字的「小人物」們,在正史中往往是無名英雄,甚至於是「失蹤者」,他們

如何參與近代國家的構建，如何共同締造新社會，不應
該被埋沒、被忽略。近代中國中西交會、內外戰事頻
仍，傳統走向現代，社會矛盾叢生，如何豐富歷史內
涵，需要傾聽社會各階層的「原聲」來補足，更寬闊的
歷史視野，需要眾人的紀錄來拓展。開放檔案，公布公
家、私人資料，這是近代史學界的迫切期待，也是「民
國歷史文化學社」大力倡議出版日記叢書的緣由。

導言

王文隆

南開大學歷史學院副教授

一、吳忠信生平

　　吳忠信（1884-1959），字禮卿，一字守堅，別號恕庵，安徽合肥人。1900年八國聯軍攻陷北京，光緒帝與慈禧太后西逃，鑑於國難而前往江寧（南京）進入江南將弁學堂，時年僅十七。1905年夏天畢業後，奉派前往鎮江辦理徵兵，旋受命為陸軍第九鎮第三十五標第三營管帶，開始行伍生涯。隔年經楊卓林介紹，秘密加入同盟會。1911年武昌起義，全國響應。林述慶光復鎮江，自立為都督，任吳忠信為軍務部部長，後改委為江浙滬聯軍總司令部總執行法官兼兵站總監。

　　1912年元旦，孫中山就任中華民國臨時大總統，奠都南京，吳忠信任首都警察總監。孫中山辭職後，吳忠信轉至上海《民立報》供職，二次革命討袁時復任首都警察總監，失敗後亡命日本，加入孫中山重建的中華革命黨。並於1915年，在陳其美（字英士）帶領下，與蔣中正同往上海法國租界參預討袁戎機，奠下與蔣中正的深厚情誼。1917年，孫中山南下護法組織軍政府，吳忠信奉召前往擔任作戰科參謀，襄助作戰科主任蔣中正，兩人合作關係益臻緊密。爾後，吳忠信陸續擔任粵軍第二軍總指揮、桂林衛戍司令等職。1922年，

吳忠信作為孫中山的全權代表之一員，與段祺瑞、張作霖共商三方合作事宜。同年 4 月前往上海時，因腸胃病發作，辭去軍職，卜居蘇州。爾後數年皆以身體不適為辭，在家休養，與好友羅良鑑（字偌子）等人研究諸子百家。

　　1926 年 7 月，蔣中正就任國民革命軍總司令，誓師北伐，同年 11 月克復南昌後，邀請吳忠信出任總司令部顧問，其後歷任江蘇省政府委員、淞滬警察廳廳長、建設委員會委員、河北編遣委員會主任委員等職。1929 年，因國家需要建設，前往歐美考察十個月。1931 年 2 月奉派為導淮委員會委員，同月監察院成立，又任監察委員。1932 年 3 月受任為安徽省政府主席，次年 5 月辭職獲准後，轉任軍事委員會南昌行營總參議。1935 年 4 月擔任貴州省政府主席，次年 4 月因胃腸病復發加以兩廣事變，呈請辭職，奉調為蒙藏委員會委員長。自此主掌邊政八年，期間曾親赴西藏主持達賴喇嘛坐床、前往蘭州致祭成吉思汗陵，並視察寧夏、青海及新疆等邊疆各地。1944 年 9 月調任新疆省政府主席兼保安司令，對內以綏撫為主，對外應付蘇聯及三區（伊犁、塔城、阿山）革命問題，1946 年 3 月辭任後，任國民政府委員，並當選第一屆國民大會代表。

　　1948 年 4 月，蔣中正當選行憲後第一任中華民國總統，敦聘吳忠信為總統府資政，復於該年年底委為總統府秘書長。1949 年 1 月 21 日蔣中正引退後，吳忠信堅辭秘書長職務，僅保留資政一職。上海易手之前，吳忠信舉家遷往台灣，被推為中國國民黨中央非常委員會

委員，並任中國銀行董事、中央銀行常務理事。1953
年7月起，擔任中央紀律委員會主任委員。1959年10
月，吳忠信腹瀉不止，誤以為腸胃痼疾發作，未加重
視。不久病情加劇，乃送至榮民總醫院，診療結果為肝
硬化，醫藥罔效，於該年12月16日辭世。

二、《吳忠信日記》的史料價值

　　吳忠信自1926年任國民革命軍總司令部顧問時開
始撰寫日記，至1959年辭世前為止，共有34年的日
記。其中1937、1938年日記存藏於香港，1941年年
底日軍佔領香港時未及攜出而焚毀，因而有兩年闕佚
（1942.3.15《吳忠信日記》）。

　　《吳忠信日記》部分內容，例如《西藏紀遊》、
《西藏紀要》以及《吳忠信主新日記》曾先後出版，披
露其在1933年經英印入藏辦理達賴喇嘛坐床大典以及
1944年出任新疆省政府主席之過程，其餘日記內容大
多未經公開。現在透過民國歷史文化學社的努力，將該
批日記現存部分，重新打字、校訂出版，以饗學界。這
批日記的出版，足以開拓民國史研究的新視角。

（一）蔣吳情誼

　　蔣中正與吳忠信的情誼在日記中處處可見。除眾所
周知的託其就近關照蔣緯國及姚冶誠一事外，蔣中正派
任吳忠信為地方首長的背後，也有藉信賴之人，安頓地
方、居間調處的考量。如吳忠信於1935年4月派為貴
州省政府主席，原以江南為實力基礎的南京國民政府，
得以將其力量延伸入西南，在當地推展教育與交通等基

吳忠信日記（1952-1953）
The Diaries of Wu Chung-hsin, 1952-1953

礎建設，並透過吳忠信居間溝通協調南京與桂系關係，從日記中經常記述與桂系來人談話可見一斑。而薛岳此時以追剿為名，率中央軍進入貴州，在吳忠信與薛岳兩人通力合作之下，加強中央對貴州的掌控，為未來抗戰的後方準備奠立基礎。又如吳忠信於抗戰末期接掌新疆省務，以中央委派之姿取代盛世才為新疆省政府主席，一改「新疆王」盛世才當政時的高壓政策，採取懷柔態度，釋放羈押的漢、維人士，並派員宣撫南疆，圖使新疆親近中央，這都得是在蔣中正對吳忠信的高度信任下，才能主導的。當蔣中正於 1949 年 1 月下野，李宗仁代總統時，吳忠信居間穿梭蔣中正、李宗仁二人之間，由是可見吳忠信在二人心中的特殊地位。直至蔣中正於 1950 年 3 月 1 日「復行視事」，每個布局幾乎都有吳忠信的角色存在。

（二）蒙藏邊政

　　吳忠信長年擔任蒙藏委員會主任委員，關於邊疆問題的觀點與處置，也是《吳忠信日記》極具參考價值的部分。吳忠信掌理蒙藏委員會，恰於全面抗戰爆發前至抗戰末期，在邊政的處置上，期盼蒙、藏、維等邊疆少數民族能在日敵當前的情況下，親近中央、維持穩定。針對蒙藏，吳忠信各有安排，如將蒙古族珍視的成吉思汗陵墓遷移蘭州，以免日敵利用此一象徵的用心。對於藏政，則透過協助班禪移靈回藏（1937 年）、達賴坐床大典（1940 年 2 月）等重要活動，維護中央權威，避免西藏藉英國支持而逐漸脫離中央掌控。1940 年 5 月於拉薩設置蒙藏委員會駐藏辦事處是最成功的宣示，

力採「團結蒙古、安定西藏」的策略，穩定邊陲。吳忠信親身參與、接觸的人面廣泛，對於邊事的觀察與品評，值得讀者深思推敲。

（三）貫穿民國史的觀察

長達 34 年的《吳忠信日記》，貫穿了國民政府自北伐統一、訓政建國、抗日戰爭到國共內戰，以及政府遷台初期的幾個重要階段。透過吳忠信得以貼近觀察各階段的施政重心與處置辦法，以個人史或是生活史的角度，觀察黨政要員在這些動盪之中的處境、心境與動態。更能搭配其他同樣經歷人士的紀錄，相互佐證。

三、日記所見的個人特質

日記撰述，能見記主公私生活，從中探知其性格與思維，就日記的內容來分析，或許能得知吳忠信的個人特質。

（一）愛家重情

吳忠信的愛家與重情，有兩個層面，一是對於家族的關懷，一是對於鄉誼、政誼的看重。家人一直都是他的牽絆與記掛，他與正室王惟仁於 1906 年結婚，卻膝下無子。在惟仁的寬宏下，年四十迎娶側室湘君，1926 年初得長女馴叔，嘗到為人父的喜悅。爾後湘君又生長子申叔，使得吳家有後，但沒過多久，湘君竟因肺炎撒手人寰，年方二十五，使得吳忠信數日皆傷心欲絕，在日記中曾寫道：「自伊去後，時刻難忘。每一念及，不知所從。」（1932.12.31《吳忠信日記》）爾後吳忠信經常前往湘君墳上流連，一解思念之情。湘君故後，吳

忠信又迎娶麗君（後改名麗安），生了庸叔、光叔兩子。不過吳忠信與麗安感情不睦，經常爭執，在日記中多次記下此事的煩擾。吳忠信重視子女教育，抗戰勝利後，馴叔赴美求學，嫁給同樣赴美、專攻數量經濟學的林少宮，生下了外孫，讓吳忠信相當高興。1954年，或因聽聞林少宮將攜家帶眷離美赴大陸，吳忠信並不贊成，不斷去函馴叔勸其留在美國，如果一定要離開，也務必來台。同年8月6日，吳忠信獲悉馴叔一家已經離開美國，不知所蹤，從此以後，日記鮮少提到這個疼愛的女兒。這一年年末在日記的總結寫道：「最煩神是子女問題，尤其家事真是一言難盡。」表現出心中的苦悶。

吳忠信相當看重安徽同鄉，安徽從政前輩中最敬重的要屬北京政府國務總理段祺瑞，兩人政治立場並不相容，但鄉誼仍重。吳忠信自段祺瑞移居上海後，經常從蘇州前往探望，段祺瑞身故時，也親往弔祭。對於同鄉後進，無論是在政界或是學界，多所關照，願意接見、培養或是推介，因此深為鄉里所敬重。如1939年在段祺瑞女婿奚東曙的引介下，會晤出身安徽舒城的孫立人，在當天的日記中寫道：「〔孫立人〕清華大學畢業後，赴美國學陸軍，八一三上海抗日之後，身負重傷，勇敢可佩。此人頭腦清楚，知識豐富，本省後起之秀。」（1939.9.28《吳忠信日記》）頗為欣賞。或許是命運的作弄，當1955年爆發郭廷亮匪諜案時，吳忠信恰為九人調查委員會的一員，於公不能不辦，但於私仍同情孫立人的處境，認為他「一生戎馬，功在黨國，得

此結果，內心之苦痛，可以想見，我亦不願多言，是非曲直留待歷史批評」。

吳忠信同樣在乎的還有政誼，盡力多方關照共事的同事。如羅良鑑不僅是他生活的良伴，也是與他同任安徽省政府委員的至交，兩人都在蘇州購地造園，經常往來。爾後，吳忠信主政安徽省、貴州省與蒙藏委員會時，羅良鑑都是他的左右手，離任蒙藏委員會時，更推薦羅良鑑繼任。1948 年 12 月 21 日，羅良鑑夫婦自上海前往香港，飛機失事罹難，隔年骨灰歸葬蘇州。吳忠信在蔣、李兩方居間穿梭繁忙之際，特地回到蘇州參加喪禮，深為數十年好友之失而悲痛，可看出吳忠信個人重情、真誠的一面。

（二）做人做事有志氣有宗旨

吳忠信曾經在 1939 年元旦的自勉中，自述「余以為做人做事，必有志氣，有宗旨，然後盡力以赴，始可有成。」另亦述及「自入同盟會、中華革命黨而迄于今，未敢稍渝此旨。至以處人論，則一秉真誠，不事欺飾，對於人我分際之間，亦嘗三致意焉。」這是他向來自持的。就與蔣中正的關係而論，自詡亦掌握此一原則，他在同日又記下：「余與蔣相處，民十五後可分三個階段，由十六年起至十八春出洋止，以革命黨同志精神處之；由十九年遊歐美歸國起至二十一年任安徽省主席以前止，則以朋友方式處之；由安徽主席起以至于今，則以部屬方式處之。比年服務中樞，余于本身職掌外，少所建議，于少數交遊外，少所往還，良以分際既殊，其相處之標準，不可不因之而異也。余在過去十二

年來，因持有上述之宗旨與標準，故對國事，如在滬、在平、在皖、在黔及目前之在蒙藏委員會，均能振刷調整，略有建樹，絲毫未之貽誤；對友人如過去之與蔣，雖交誼深厚，然他人則與之誤會叢生，而余仍能保持此種良好關係，感情日有增進，而毫無芥蒂。……即無論國家之情勢若何，當一本過去，對國竭其忠、對友竭其力，如此而已。概括言之：即「救國」、「助友」兩大方針是也。」

　　由此可知，在吳忠信待人之原則，必先確認兩人之關係，進而以身分為斷，調整相待之禮。他長時間服務公職，練就出一套為公不私的原則，經常在日記中自記用人、薦人之大公無私，此亦為其「救國」、「助友」之顯現，常以「天理、國法、人情」與來者共勉。

四、結語

　　吳忠信於公歷任軍政要職，於私是家族中的支柱。公私奔忙之餘，園藝之樂，或許才是他的最愛。他常在一手規劃的蘇州庭園裡，親自修剪、堃土，手植的紫藤、楓樹、柳樹、紅梅、白梅等在園中，隨著季節的變化而映放姿彩，園林美景是他內心的慰藉。吳忠信1949年回蘇州參加羅良鑑夫婦葬禮後，短暫地回到自宅園林，感嘆地寫道：「園中紅梅業已開散，白梅尚在開放，香味怡人。果能時局平定，余能常住此園以養殘年，余願足矣。」（1949.2.21《吳忠信日記》）可惜，這是他最後一次回到蘇州，之後再無重返機會，願與天違。

　　這份與民國史事有補闕作用的《吳忠信日記》並非全出於其個人手筆，部分內容為下屬或親屬經其口述謄寫而成。1940 年，他就提到：「余自入藏以來，身體時常不適，且事務紛繁，日記不時中斷，故託纕蘅兄代記，國書姪代繕。」（1940.1.23《吳忠信日記》）且在記述中，也有於當日日記之末，囑咐某一段落應增添某公文，或是某電文的文字，或可見其在撰述日記之時，便有日後公諸於世的預想。或許是如此，吳忠信在撰寫日記時，不乏為自己的行動辯白，或是對他人、事件之品評有所保留的情況，此或許是利用此份日記時須加以留意的地方。

編輯凡例

一、 本社出版吳忠信日記，起自 1926 年，終至 1959
年，共 34 年。其中 1926 年日記為當年簡記，兼
錄 1951 年補述版本；1937 年至 1938 年於太平洋
戰爭爆發後，其家人逃離香港時焚毀，僅有補述
版本。

二、 古字、罕用字、簡字、通同字，在不影響文意
下，改以現行字標示。

三、 日記中原留空白部分，以□表示；難以辨識字
體，以■表示。編註以【 】標示。

四、 作者於書寫時，人名、地名、譯名多有使用同音
異字、近音字，落筆敘事，更可能有魯魚亥豕之
失，為存其真，恕不一一標註、修改。但有少數
人名不屬此類，為當事人改名者，如麗君改名麗
安、曾小魯改名曾少魯等情形，特此說明。

目錄

1952 年（民國 41 年）　　69 歲

1月1日　星期二

　　上午九時至台北賓館參加本黨四十一年元旦團拜，推于右任老同志主席。于致詞曰，今年是最困難、最危險之年，也是成與敗之年，希望諸同志努力。九時半到總統府參加中樞慶祝開國紀念典禮，蔣總統親臨主持，祝賀全體健康，並勉格外努力。總統並宣讀元旦告同胞書，謂今年特別進行經濟、社會、文化和政治的改革運動。典禮歷半小時，至十時完成。美國軍事顧問團長蔡斯將軍對中國新年祝詞中，有國軍即將加強營養，與配備即將改善，美援物資即將增多。其末語聯絡中美兩國，在反抗共產主義災惡鬥爭中成為一平等伙伴云云。蔡斯將軍這一段話必定能以實行，則與台灣軍事前途關係太大了。今年的新年沒有往年熱烈，大家仍是往返拜年，亦不如往年之熱烈。其原因內地來台人員，生活日較困難之故也。

1月2日　星期三

　　台灣省臨時議會議長黃朝琴兄來訪。他說省議會國民黨人意見不能一致，很可影響台灣地方。余答曰你既定今日晉謁蔣總裁，可以當面詳細報告，不必有所保留也。老朋友于右任先生步履艱難，精神大不如前，今晨特來余寓賀年，殊令我心感不安。覃勤（號醒羣）午後三時陪同日人山田華生來見。華生係代表伊父山田純三郎前來訪問，山田純三郎過去係國民黨員，與余係老朋

友。余特致純三郎慰問函，託華生帶回日本，現在山田
純三郎已七十有六矣。又據華生云，陳英士先生于民國
五年在上海法租界薩坡賽路十四號，伊父山田純三郎寓
所被刺身故時（余〔吳〕當時余犧牲右上門牙，得于免
難），伊母正懷孕華生于腹中。言下他父親山田先生與
吾人之關係，可想而知了。

1月3日　星期四

一、黃議長朝琴晨間再來訪。據云昨日晉謁總裁時，
　　說他對黨不熱心，又說他數年前介紹反動份子黃某
　　來台。黃曰全非事實。余曰你今後對黨應該更加積
　　極，至對黃某事，亦應該提出證據，再向總裁說
　　明。蓋黨員對總裁不必有絲毫客氣也。

二、中午十二時卅分，總裁招待評議委員談話並午餐，
　　余準時前往參加。席間總裁詢余香港情形，因余未
　　準備在席說話，只得就香港一般情形，以及所謂第
　　三勢力過去之情形簡單說明。餐後陳香港之行書面
　　報告，總裁再留面談，余即根據報告書詳細說明，
　　結果異常圓滿。

三、下午四時，內政部警察總署唐縱（號乃健）來訪，
　　唐是管理一部份情報事宜。他閱我報告書後，認為
　　十分準確，應該照做。

香港之行書面報告錄于後
甲、港九的一般情形
　　一、共黨利用在港各項公開機構，極為活躍。

二、一般人民的觀感：

（1）對于共黨深惡痛絕。

（2）對于國民政府遲遲未能反攻大陸頗表失望。

三、資本家及工商界：

（1）騎牆觀望，不返大陸，亦不來台灣。

（2）大多數計劃往南洋或南美。

乙、所謂「第三勢力」之現狀

一、迄未能完成組織：一群烏黑之眾，各有門戶之私，不能團結。但仍醞釀組織。

二、首腦人物趾高氣揚之原因：

（1）美方經濟的支援。

（2）美方有為佈置退路之說，聞必要時退往日本或菲律賓。

（3）對政治前途尚有幻想。

三、美方現已改採個別領導的方式。

四、多數反對李宗仁。

五、已表面化的活動

（一）基地訓練

（1）吸收內地流亡來港人士。

（2）吸收港九知識青年。

（3）基地係分在琉球和菲律賓兩處。

（二）在港發行四種刊物

（1）中國之聲。

（2）再生。

（3）獨立論談。

（4）自由戰線。

六、美方津貼每月約為兩萬美元左右（謝澄平方面
經費尚在外）。

丙、第三勢力將來可能之發展與轉變

一、可能有曇花一現之組織，而後消沉、渙散、
消滅。

二、可能因美方之支援，第三勢力得群集日本、菲
律賓而有所表示。

三、最後可能的轉變

（1）一部份人轉變為美方情報人員。

（2）新黨派的出現。

（3）一部份人或復回本黨懷抱。

丁、我們的對策

一、對他們活動，不必重視，亦不必攻擊。

二、表示對他們個人歡迎參加反共。

三、精密持續觀察（港九工作要切實加強）。

四、經常注意並分析這般意見和批評。如遇有合情
合理者，我們不妨主動去做。

五、基地訓練一事，必須作深入了解。

六、積極吸收優秀份子，及其中知識青年來台工作。

余香港之行至此結束。此行就政治言意義甚大，一
面將第三勢力情形搞清，另一面未鬧出任何政治意見，
而平安歸來，深覺愉快。

1 月 4 日　星期五

　　昨晚中央改造委員會秘書長張其昀兄過訪。據云當前中央政治即待解決者有：

（1）行政院財、經兩部長更換問題。

（2）立法院選舉院長問題。

（3）監察院彈劾副總統李宗仁問題。

（4）司法院大法官選補問題。

（5）考試院院長及該院部會長都是代理，應予補實的問題。

（6）本黨中央召開代表大會問題。

以上諸種問題亟關重要，常久拖延，實有未當。張秘書長問余當下的人才何在。答曰如司法院副院長謝冠生等，又如現在的黨政人員，百分九十以上是受蔣總裁二、三十年培植的，年齡都在五十左右，其人品學之優劣，早為社會人士所共知，可以說人才皆在台灣。即退一步說，百分之五十可以重用者。由台北乘上午八時卅分車，中午十二時卅分抵台中。近月來往返台、港非常傷神，又加過年賓客往來，以及今日車中之勞頓，異常疲困。

1 月 5 日　星期六

　　昨日不戒于食，昨夜今朝忽胃痛，飲食大減。李先良午後過訪，暢論國際形勢。

1 月 6 日　星期日

　　訪仲浮山老先生，他久病方愈。

1月7日　星期一

沈成章先生過訪。連日整理上月往來台港日記。

1月8日　星期二

入冬以來，以昨日天氣最冷，至攝氏十一度半。今日天晴，稍轉暖和。

1月9日　星期三

胃痛將止，又發痔疾，很不舒適。水裡坑林廠廠長葛筱東午後來訪，據云已調任農林局技正，不日即將辦理交代。

1月10日　星期四

昨晚訪沈成章兄，又同去晤徐復觀兄。徐新由香港回來，他對所謂第三勢力之觀感，與我觀感大致相同。

1月11日　星期五

午後四時彭醇士介紹李景堃（次貢）先生來晤。次貢福州人，年七十二歲，滿清舉人，現住豐原嘉豐紡織公司。

1月12日　星期六

昨日監察院通過九十二位監委彈劾副總統李宗仁違法失職案。關于失職部份，送國民大會辦理，其理由是在去年（卅九年）三月前國難嚴重之時，棄職出國已兩年，構成失職行為。其涉及刑事部份，送司法機關依法

辦理，其理由業經解除代總統名義，在外國發佈命令，
袒護毛向貪汙案，構成違法行為。至其公開聲明「已擬
有恢復中國合作政府計劃，不久即可宣佈，此計劃並非
完全依賴武力。」查中華民國行憲以來，並無所謂合作
政府，顯有顛覆政府，危害國家之意圖云云。

1 月 13 日　星期日

　　駐日美軍統帥李奇威將軍最近向國防部所提報告，
乃是七個月前開始的韓境停戰談判進行以來的最黯澹的
報告。他表示憂慮共黨于春季以六百架噴氣機發動空中
攻勢的可能性，因此美空軍參謀長范登伯便比任何人
都急于主張韓境停戰。他極關切一旦俄國在今年發動大
戰時，美軍困陷韓境之危險，他指出俄國空軍及潛艇攻
擊，可以大大阻礙美軍自韓境撤退云云。美國在韓作戰
信念業已動搖，和既不可，戰又不能，已至進退維谷。
過去批評中國和戰無能，而今日之美國自當有所反省。

1 月 14 日　星期一

　　今日由裝甲兵醫院院長徐學純量余血壓，最高只有
一百，未免太低，所以近日身體很不舒適。原來最高血
壓一百十，不知何故忽然低下十度，想必是香港之行的
結果。

1 月 15 日　星期二

　　本台中市新組織文獻委員會，聘余為該會最高顧
問，今日上午十時，在孔廟舉行成立大會。余以市長兼

主任委員楊基先親自來約，故前往參加。蓋文獻有關民族之興衰，本市楊市長有此提唱，余深贊佩。

1 月 16 日　星期三

英首相邱吉爾在渥太華發表演說稱，和平需要我們積極地去尋求的，不是在那裡等著我們的，我們絕不希望依賴我們友邦來生活，也不希望靠著關係來維持。我們在大戰時盡了我們最後一分力量，我們以同樣的堅苦精神解決目前的問題云云。這就是說求人不行的，要自力更生，中國更要有此種精神，方能復興中國。

1 月 17 日　星期四

午後七時申叔來電話，已于今日午間乘香港航空公司飛機飛返台北，日間來台中。余聞平安歸來，非常快慰。

1 月 18 日　星期五

日本政府十六日公佈，根據舊金山多邊和約所訂立的原則，與中國國民政府締結雙邊和約的決定。雙邊和約條款將適用于目前和將來，在中國國民政府控制下所有領土。又申明日本將不與朱毛簽定雙邊條約，因朱毛一九五〇年與蘇俄簽訂「中蘇友好條約」，成立「互助條約」，以對付日本為目標的軍事同盟。依照該公佈而論，和約以目前與將來國民政府領土為限，國民政府應該予以考慮，未便輕于接受。

1 月 19 日　星期六

英國首相邱吉爾在美國國會演講：「關于美英兩國遠東政策，必將益增調協」、「韓戰和談破裂，將採堅定有效政策」。依據邱吉爾之演說，不但英美遠東及台灣意見一致，亦是邱吉爾重把政權後，澄清英美過去之隔閡。邱吉爾此次訪美，大部份希望均收獲。邱吉爾是世界當前唯一大政治家，可惜出山太遲了，使英國過去錯誤太多了。現在中日正在進行簽訂雙邊和約，而英美對遠東政策又趨一致，台灣地位更加鞏固，更見光明，最後要看我們自己做法如何。

1 月 20 日　星期日

申叔今日午車抵台中。

1 月 21 日　星期一

偕申叔拜訪仲浮山、沈成章、彭醇士等，並將申叔最近繪畫請仲、彭兩先生閱。沈成章兄日前七十大慶，今日特補送左宗棠對聯一付，並由七三老人仲浮山先生題字。

1 月 22 日　星期二

總統府戰略顧問主任委員何敬之，昨日為台中何姓家祠事來台中。今晨彼此往訪，認為現在台灣形勢穩固，惟與美國合作精神似嫌不足。何午車回台北。申叔今日午車回台北。余告申叔，凡事不可空中樓閣，更不可因噎廢食，因申叔犯以上二語病太多，故特加以訓

勉。申叔現在已至高不成低不就狀態，心緒很亂，只有寫字、讀書、作畫是他立腳點。

1月23日　星期三

本日致申叔一封信

申兒覽：

一、你與黃君接洽的事，政府或者是需要的，以你經驗不夠從中運用，其結果必定損失成分較多。望與彥龍、超凡詳細研究，如有必要，我即來台北，否則擬在台中小住，多加休息。我心力已衰，深感不能再耐煩劇。

二、近兩年來你入台北商場之目的，是為調和身心，並為初入社會之練習。其結果收獲方面固有，但大部份是損失的，是走下坡路的，如同一件潔白衣服丟在汙濁水中。

三、觀你現在環境，心緒不安，大有徬徨歧路，似到一事無成態勢。

　　以你年齡方二十歲，一切都來及準備。以我意見，應該首先多請專家醫師共同研究身體，這是根本之談，則生命纔有前途。如身體許可，學習美、日兩國語言文字，然後學習本國文字，再然後學習作畫。這是走上坡路，這是高尚人格的事。為達成上項目的，必須減少外面交遊，作收心工夫，這亦不過作你參考而已矣。

四、以無經驗聰敏青年人，作空中樓閣幻想，又作僥倖收獲之期望，是沒有這回事的。古人云「心有天

高，命如紙薄。」

1 月 24 日　星期四

　　午後三時回看同鄉許學純夫婦，請許量血壓，仍係一百十度，已復平常。並在許家晤駐台中裝甲兵第三縱隊總隊長尹學謙，皖巢縣人，軍校第十期畢業。據尹云台灣裝甲車勢力雄厚，即以現在台中第三縱隊七個大隊而論，即等于前在大陸全部戰車的力量。又在許處晤合肥同鄉王先鑒，他是軍校第十五期畢業，現在裝甲車某大隊主任參謀。

1 月 25 日　星期五

　　昨日天氣很熱，穿夏衣，昨夜起風忽轉涼，今日可以著冬服。一日之間有如此大變化，稍有不慎，易生疾病。此種氣候與內地人很不相宜。

1 月 26 日　星期六

　　今日係農曆辛卯年大除夕，商場習慣仍以農曆年底結賬。在過去一年來，各行商業，除若干少數尚好外，大都均呈衰落現象。幾家歡樂幾家愁，這種永遠消除不了人類寫實，烽火連年今夕，這種現象無疑更形尖銳。

1 月 27 日　星期日　壬辰年元旦

　　今日天氣溫和，如江南暮春之際，大街小巷紅男綠女，往來恭喜之聲不斷。到我家拜年的朋友很多，我亦偕麗安登門回拜。我們到台灣的內地人，共度過三個農

曆年。第一個庚寅農曆年，大家到台不久，生活優裕，
興緻甚高。至第二個辛卯農曆年，大家漸感生活維難，
尚可勉強支持。今者第三個壬辰農曆年，大不如前，深
感物價高漲，行囊已空，回家無期，前途茫茫，大都徬
徨，大多憂慮。惟望明年今日癸巳農曆年，大家進步，
但必須大家努力奮鬥，方能達到進步。

1月28日　星期一

天氣清和，仍出外拜年。

1月29日　星期二

台中防守司令劉安琪、市長楊基先、市議會議長徐
灶生、市黨部主任委員王通，午後七時在市黨部招待晚
餐，余準時前往。與餐者將二百人，都是本市黨政軍各
方人物。余簽名後即先辭退，並遇見八十一歲老者梅喬
林先生（現住存仁巷二號）。

1月30日　星期三

魏壽永于晚七時陪同潘澤筠來見。潘桐城人，曾于
民國廿一年余主皖時見過一面。潘現在總統府資料室服
務，此人四十四歲，長于文學，當有前途。

1月31日　星期四

魏壽永上午十時介紹立法委員石堅（號墨堂）、張
雨生二人來見面。石東北人，張河南臨穎縣人。光叔
患黃疸症已愈大半，今日午車赴台北，再請朱仰高醫生

復診。

今日致申叔一函由光叔帶交

申兒覽：

　　起居有度，乃強健身體第一要義，望本此精神多方注意。最緊要睡眠時間必須固定，不可忽略為要。

　　凡事不論大小，多有困難，都有時間。如新在一年以前向我說過：「申叔很聰敏，但看事太易，性情太急。」我認為這兩句話是對的，望兒遇事與處人，用客觀態度多加研究，以免事先過于樂觀，事後過于失望，甚至有悲觀之感。古對聯有「書到用時方恨少，事非經過不知難」。

　　　　　　　　　　　父啟　四十一年一月卅一日

2月1日　星期五

昨晚六時半，沈成章先生招待史學家錢穆先生晚餐，約我與朱致一、李先良等作陪。

2月2日　星期六

昨日午後、今日午前，徐佛觀先生陪同錢穆先生兩次過訪，慢談時局及一般歷史。錢無錫人，史學中不可多得之專才，且性情溫和，態度嚴謹。光叔今午由台北歸來，據云經朱仰高醫師診斷，黃疸病業已痊愈。

2月3日　星期日

本日致申叔函

申兒覽：

兒已屆兵役年齡，以兒身體當然不能及格。須知凡事有出人意料之外者，必須詳詳細細研究，決非馬馬虎虎，臨時抱佛腳可以應付過去者。似應請教真正懂兵役法的人予以指導，如能提前辦妥免役，俾便安心養病。望與曾叔隨時磋商為要。

我右眼起黑影，將一年尚未全愈，而左眼自昨日（二日）起亦有黑影。這都是年老之現象，也是與年老者忠告，日將落西山矣。

2月4日　星期一

美國前國務卿貝爾納斯（民主黨）發表演說，主張將國內非國防費用削減一百億元。貝又說，如韓國停戰

不能獲達協議，或達成後又被共黨破壞，「我們將使用在手一切武器達勝利的結束，我們空軍應出動，尋覓敵方基地，並炸毀他們。我們海軍應出動，封鎖中共海口。我們亦應請出台灣的中國軍隊來協助贏得勝利。」按貝爾納斯是羅斯福總統時的國務卿，是民主黨有信譽的元老，是有眼光的政治家。貝氏這段話是對的，亦可見現在執政之民主黨內部已大有意見，杜魯門總統之無能，亦可想見。貝氏對韓戰略之主張，也就是前統帥麥克爾瑟元帥之主張，如杜魯門採用麥帥戰略，何致有今日和既不能，戰又不可，由軍事優勢轉到軍事劣勢（士氣不振）（尤其是空軍）。據英首相邱吉爾在國會演說：「克里姆林宮人們在韓國、在東南亞以及中東，未費俄一兵一卒，已吸住了美、英、法三國廿六師兵力，遠超過北大西洋公約組織目前所建立者。最有利于俄者，莫過于顯示英美間的歧見，同時這亦是最易導發一次更大規模的韓國事件的因素。」據美國國防部云：「在韓作戰以來，已用去戰費五百多億美元。」

2月5日　星期二

今日「立春」、「農民節」、「壬寅月」、「辛巳日」。從今天起春季開始，台灣是個海島，風雨無定，前幾天受寒流影響，所以天氣不甚好，今天氣轉溫和，陽光普照。我與麗安午後出外散步，計二小時之久。

2月6日　星期三

台中省立第二中學發給庸叔、光叔兩兒上學期成績

報告單。庸叔平均分數「八二‧五升級」，名次「全班
五十四人第八名」，考勤「請假二十二次、曠課十七
次」，操行成績評語「奢侈、喜清談」。學校當局評語
非常正確，我一生勤檢做人，平時一再堅決以勤檢管
教子弟，為何庸叔糊塗到如此地步，實在令我痛心，
尤以曠課與請假更不成話說。這都是家庭放任有以致
之也，我與麗安應該負責，應該反省。光叔平均分數
「八三‧二升級」，名次「全班四十五人第十八名」，
考勤「因病請假廿一次」，操行成績評語「頗勤學，但
個性稍強」。查請假雖係因病，其個性強，就是矯傲，
應該痛改。總括言之，尚可差強人意。本晚教訓庸叔，
麗安雙淚俱下，我亦大動情感，怒不可止，庸叔稍有良
心，應該大大覺悟。庸叔請假係到台北看拳擊，家中為
何給他旅費，殊屬不解。

2月7日　星期四

教庸、光兩兒英文先生古世倫先生午後過談。他是
天主教信徒，暢論該教的教義。

2月8日　星期五

午後三時偕麗安成功劇院看電影。

2月9日　星期六

午車由台中赴台北。

2 月 10 日　星期日

上午十時到台北地方法院，出席國民黨安徽國大代表第七次黨團小組會議，係由組長趙執中招集的。趙現任台北地方法院首席檢查。陰曆過年來台北寓所拜年有一百多人，今日擇其必要回拜者分別回拜。

2 月 11 日　星期一

今日上午、下午都是外出回拜客人。最近幾天台北天氣很好，為歷年這個時期所少有。

2 月 12 日　星期二

今日（十二）是故友戴季陶先生逝世三週年忌辰。戴氏生前友好于上午十時假省黨部舉行公祭，余前往參加，計到與祭人員三百餘人。本日（十二）下午七時，安徽旅居台北同鄉一百二十餘人（多半是國大、立、監委）假台灣糖業公司，公宴余與許靜仁（世英）先生。許是新由香港來台北者。

2 月 13 日　星期三

今日上午仍是出門回看朋友。申叔此次在香港與港政府移民局黃幫辦見面，黃擬效忠國府，余特告經國與申叔面談，他二人已于昨日六時詳細接洽矣。

2 月 14 日　星期四

司法院副院長謝冠生及蔣銘三等先後過談。謝頭腦清楚，學有專長，可以負政治大責者。

2 月 15 日　星期五

下午四時出席中央銀行理事會，通過中央銀行四十年度行務報告，及其他例案數件。

2 月 16 日　星期六

往訪中國銀行董事長徐伯園等。徐最近發表兼總經理，即將赴美國。

2 月 17 日　星期日

以河田烈為首席代表之日本和談代表團一行十人，于今晨七時廿分，在風雨中飛抵台北。河田當即發表聲明，感謝中國「以德報怨」之態度。蓋以德報怨是當年日本戰敗投降時，蔣總統向日本人民聲明者。這是非常得體，而且表現中國偉大作風。我方和談首席代表為外交部葉部長公超。我國受日本侵略時間最早、最久，損失最重，吾人雖勿為已甚，當本諸對歷史、對全體人民有所交代，為此次和談精神上之原則，合此原則與之商談，決不可稍有將就，遺將來無窮之禍患。

2 月 18 日　星期一

今日係農曆正月廿三日，是申叔滿二十歲生日。他已至成年日，我責任已輕，惟其身體瘦弱，是我最憂慮一件大事。

2 月 19 日　星期二

今日天氣極寒，陽明山已飛雪花，已穿皮袍。

2 月 20 日　星期三

上午分別接見許恪士（教育家，皖南人）、徐伯園、于錫來、吳鑄人等。何敬之招待午餐，有右任、亮疇、岳軍、驑先、雪竹、君佩等。午後四時半出席區黨部小組會議，又與朱驑先一同到其寓所吃點心。陸軍總司令孫立人晚八時半來談。

2 月 21 日　星期四

何輯五兄來見，他想託我替他謀一個工作。我囑其決定對象，再為進行。輯五係敬之胞弟。前僑務委員會主任戴愧生兄，他新由菲律濱來台，上午來見。改造委員會秘書長張其昀在鐵路局招待所約評議委員午餐，余準時前往。餐後由行政院長陳辭修、外交部長葉公超報告對日外交最近情形。其焦點有：一、日本主張簽訂接束中日戰事條約，恢復關係，我方主張為全面和約；二、中國領域範圍，我方主張包括大陸全面；三、舊金山和約含混其詞，只說日本放棄台灣，並未明確規定歸還中華民國。蔣總裁指示，合于全面和約則簽字，否則不簽。

2 月 22 日　星期五

日本共產黨籍數千人在東京、大阪、名古屋、米子等大都市同時暴動，劫奪警察槍枝，強行開駛火車，有一處日警十四名受傷。其暴動範圍之廣闊，事前計劃之周密，是共產有史以來在日本第一次。日本政府動員一萬三千名警察，分頭彈壓。現在暴動雖以接近尾聲，但

此次暴動可以說是日共武裝鬥爭開始，亦是日共對其黨
員舉行一次考驗。日本秩序素來優良，從此發生問題。
本日（廿二）上午回看戴愧生、徐恪士等。

2月23日　星期六

中國銀行總經理席德懋本年一月廿四日在美國病
故，本日在台北極樂殯儀館舉行家奠，余上午八時半前
往致祭。席蘇州人，係宋子良之岳父。午後丁墨農介
紹新由香港來台畫家高逸鴻來見，高閱申叔繪畫，大為
稱許。

2月24日　星期日

安徽國大代表聯誼會，我是主任委員，已將一年未
開會。本日上午九時，假地方法院首席檢察官趙執中
（亦是皖國大代表）辦公室舉行會議，改選出席全國
聯誼幹事，計選出鍾鼎文、湯志先、溫廣彝、盧執競
（女）、葛昆山、王子貞等六人。選舉用無記名投票，
秩序良好，充分表現民主精神，在安徽人歷次開會中最
有進步之結果。又以常法毅、穆道厚、章正綬、王立
文、張宗良等五人為候補。

2月25日　星期一

午後三時孫養瞿先生偕其女公子多慈、女婿徐紹棣
及其外甥過訪。多慈習西畫，現在師範學院任教授，閱
申叔繪畫稱贊不已。紹棣現任立法委員。蕭錚（青萍）
前赴美國出席土地會議，業已返國。本日午後來見，略

談美國一般情形。晚間偕伯雄看電影。

2 月 26 日　星期二

劉波鳴偕其姪婿丁耀中于上午來見。丁懷甯人，卅
九歲，昨年由內地逃到香港，轉來台灣。丁說大陸人民
痛苦與慘狀，有非筆墨可以形容者也。

2 月 27 日　星期三

晨六時卅分得周宅電話，老朋友周佩箴先生于今晨
五時十分病故（肝膽病），余于八時卅分親往周宅弔
唁。佩箴現年六十九歲，與余同年，小余數月。佩箴少
之時隨故友張靜江先生革命。佩箴性情和平，得人同
情。由佩箴親友組織治喪委員會，午後五時在交通銀行
開會，推余主席。決定遵照周之遺囑火葬，擬廿九日
午後三時大殮，四時火葬，所有喪葬費暫由交通銀行
墊借。

2 月 28 日　星期四

上午十時偕金幼洲、曾伯雄到中山堂，參觀自由中
國美術展覽。此次美展，各部門均較上次進步，足見諸
美術家時求精進。

2 月 29 日　星期五

周佩箴先生本日午後三時大殮、公祭，四時火葬。
余于午後二時半到殯儀館，參加治喪委員會主持大殮儀
式及公祭。午後五時參加裕台公司第五次董事會議。

3月1日　星期六

今日施行夏令時間，提早一小時。今日是蔣總統復
行視事二週年，數萬人民于上午九時，在總統府前舉行
慶祝大會。上午十時偕惟仁夫人及伯雄弟遊覽動物園。
午後二時偕申叔、伯雄遊覽陽明山公園，滿園杜鵑盛
開，櫻花始放，萬紫千紅，嗣又重遊動物園。其所以偕
申叔出遊，為申叔覓取繪畫寫生資料。

3月2日　星期日

今日係老朋友居覺生（正）先生逝世百日忌辰，在
善導寺舉行題主禮，余于上午十時前往觀禮。

3月3日　星期一

徐恪士（前台灣教育廳）託彥龍來說，因考試院考
試委員會委員張中道兄業經病故，恪士擬繼任此席，懇
余代向總統說話。查恪士留學德國，學有專長，尤其對
于哲學頗有研究。余為國家人才計，特與許靜仁先生聯
名向蔣總統保舉。

3月4日　星期二

以現在亞洲形勢，台灣隨時可以受空襲。徐月祥
（廷瑤）在和平東路三段底六和里山中，有臨時避空襲
之準備，余特于本日午後四時偕月祥、伯雄前往該地觀
察。計由余住宅（和平東路一段）乘汽車至該處，約
廿分鐘可以到達，地處兩山之狹，甚為蔭蔽，堪為不時
之需。

3月5日　星期三

午後六時半端木鑄秋招待晚餐，在座有許靜仁老先生及運啟、琪瑞、幼洲、目寒、寄嶠、立人、養瞿、克和諸同鄉。

3月6日　星期四

中央改造委員會為立法院院長提名事，于今日十二時卅分約本黨立法委員聚餐，我等評議委員一律參加，蔣總裁親臨致詞，計到立法委員約三百人。總裁提張道藩為本黨立法院長候選人，全場拍手通過。申叔最近擬脫離商業，專心繪畫，因此繪畫確有進步。余有下列數項之指示：

一、繪畫之構圖與設色，必需具有「智」、「仁」、「勇」三者之精神，方可稱為上乘。其次「智」、「勇」兼全者，亦可成為佳作。再其次專注重「智」之一方面，則多難以收功。蓋「智」固屬重要，但易于流入奇巧之途，若涉奇巧，則更難有結果。

一、繪畫必需有春朝蓬勃之氣勢，少有秋暮肅殺之氣勢。

一、繪畫之目的在使人之觀賞，必須使人一望而知究竟，最忌使人深思不得其解。

一、繪畫最忌黯淡，尤其是現代繪畫，如夜間、如煙霧、如陰雨、如一切衰敗之物，如氣韻太過，以少用為原則，否則或將影響個人之福澤。

3月7日　星期五

乘上午九時車回台中。在車中遇立法委員何人豪，他深通中醫學術。

3月8日　星期六

台中市孔廟籌建委員會本日午後三時在市政府開會。我是常務委員，不克前往出席，因沈成章兄亦係常務委員，故于上午訪沈，託其代為請假。

3月9日　星期日

駐台中第三補給分區司令張載宇眷屬已由台北移住台中，今晨載宇偕其夫人（同鄉孔華清的小姐）及許學純院長來見。

3月10日　星期一

關繪事致申叔函

申兒覽：

一、作畫多少與時間，還是以身體強弱為前提。此雖是老僧常談，還是要特別隨時注意的，不可稍為大意。

一、夜間作畫最不相宜，最好改為白天，否則既成夜間習慣，必須規定就寢一定時間，尤以深夜氣候寒，要多穿衣服，並準備夜間食物，魚肝油萬萬不能間斷。

一、應先將已有畫稿作成，其有已繪而未完成亦應更先了結，斷斷不可此張未動手，又去弄那張，那張未

完成又擱下。作畫不可如此，就是做任何事，也是
這個道理，凡成大事的人，其精神一定專一。

一、你擬作寒山寺畫，茲由李先良兄將該寺地位及蘇
州附近風景名稱大略寫出，以資參考。蓋寒山寺之
名，乃以寒山、石得二神僧中寒山之名名之，俗稱
二僧為和合二神仙。此畫章法似難決定，誠恐繪成
後，有覺出力不討好之感。過去繪此畫亦不乏人。

一、你的繪畫是你的人品上唯一的武器，希以不妨身體
健康原則下，加以努力，當可名垂不朽也。

父手啟　四十一年三月初九日午

3月11日　星期二

午後四時偕麗安到成功戲院，看陳納德飛虎隊，幫
助中國對日空中大戰。此電影表現該隊非常勇猛。

3月12日　星期三

中午十二時卅分招待沈成章夫婦便飯，並約李先
良、施中誠兩位夫婦作陪，他們都是山東舊同事。

3月13日　星期四

今日陰曆二月十八日，我六十九歲生日。一年過了
又是一年，公私均無進步，奈何。今後每年生日將父母
生死日期記出，略盡孝恩。父死，我一歲零二十一天。
母死，我六歲零卅八天。父生于道光二十八年正月十七
日寅時，終于光緒十一年三月初九寅時。母生于道光
二十八年十一月廿三日丑時，終于光緒十六年三月廿六

日亥時。

3月14日　星期五

　　政府頒布軍官職期調任辦法，以二年為一任。現任參謀總長周志柔任期屆滿，準連任一次。又準周志柔辭去兼空軍總司令任期早滿之職，以副司令王叔明繼任總司令職。此種職期調任辦法很有意義，惟望一秉大公無私人才主義，繼續施行，則軍事前途必大有觀，斷斷不可中途改變。此辦法可以新陳代謝，並可減少人事之糾紛。

3月15日　星期六

　　醞釀數月之久立法院長問題，業已選出張道藩繼任院長，張本日就職。張貴州人，曾留學英、法兩國習藝術，性情爽直，深得各方面之同情。

3月16日　星期日

　　美政府改派太平洋艦隊司令雷德福上將，接收前屬遠東司令（兼日本佔領軍盟軍統帥）李奇威轄下之台灣與菲律濱軍事指揮之責。將來台灣對軍事問題，將經由雷德福而與美國取得合作，現在台灣之美國軍事顧問團，將受雷德福之節制。雷德福聲稱，預定在一個月內，將赴台灣訪謁蔣總統。此種改變與台灣形勢更為加強，亦可見美國將來以海、空軍為主應付亞洲。

3 月 17 日　星期一

午後三時半偕麗安到台中戲院，看英國歷史名片江山美人。

3 月 18 日　星期二

前南京警察廳長韓文煥來見。韓（號方伯）貴州安順人，軍校第三期畢業。

本日（十八日）致申叔函如後

申兒覽：

一、黃家媳婦既已抵台，應即轉告經國。他們自有誠意表示，我們應對他們稍加客氣。

一、庸叔近來非常用功，很少出遊，就是星期日亦在家讀書。此間第二中學六月下旬舉行高、初中畢業大考，庸、光兩兒一俟考畢即來台北，一考大學，一考高中。

一、我估計你的畫預備展覽從一千五百元至三千元，已完成的畫至多不能過廿五幅（小幅不在內），如以六十幅展覽，尚差卅五幅。必須考慮自己身體，繼續的畫，因此你未來兩個月時間，非常寶貴的。已繪成一幅大假山石玫瑰花，如再加以修理，經名人提字，可以展覽標價二、三千元。倘若棄之作為畫稿，未免可惜了。

一、既退出商場，其來往手尾必須弄得清清楚楚，以免將來受累。

以你現在情形，至遲三個月後或可離開台北，所以

你一切未了手尾以及繪畫等等，均與寶貴時間有關，似
應在兩個月前後一切告段落，一切告結束。但以不妨害
身體為最高原則。

3月19日　星期三

上午看彭醇士兄，他患肺疾，據云較前好多。

頃致伯雄一函

中國銀行來電，本月廿一日上午九時開常董會。因
在台中不克參加，請電話端木鑄秋（常董）代表簽名。
倘端木不在台北，則直接電話該行請假可也。申叔近來
繪畫等等時間很忙，身體能否應付，深以為念。關于飲
食請代為注意，可以多喝雞湯，以及其他營養物品，茲
為申叔身體計，此種用費可以不損。並請轉告何景明，
隨時為申叔打掃畫房，隨時洗淨筆、硯、畫碟，並代準
備繪畫宵夜食物。如能購一洋油爐或火酒爐，以備宵
夜煮物之用，則更便矣。蓋幫助申叔繪畫，就在此一時
期也。

又在伯雄函內附致申叔一紙

申兒覽：

你的繪畫不但在國內需要，將來在外國亦是需要。
這個技能，是你一切資本，不可等閒視之。

3月20日　星期四

最近數日天氣很熱，昨日上午更暖，須著夏衣。至

下午忽來一陣暴風雨，須著秋衣。今晨細雨濛濛，須著冬衣。在廿四小時以內有夏、秋、冬三季突變的氣候，則隨時更換衣服，是一件最麻煩的事。

3 月 21 日　星期五

招待美軍顧問團聯勤總部特勤處長高大經來見。他是來台中視察，並約我到台中賓館參觀顧問團宿舍，佈置整齊清潔，又招待我茶點。

3 月 22 日　星期六

仲浮山、彭醇士、孫鏡亞上午先後過訪。醇士日前說擬與申叔聯合開畫展，我未表示可否。鏡亞貧病交加，託我設法幫助。

3 月 23 日　星期日

台中市政府與文化聯誼會主辦之本市四十一年度美術展覽會，余于下午四時偕庸叔前往參觀。先到第二場省立圖書館，再到第一場中央書局，兩處展覽，計有作品五百多件。

3 月 24 日　星期一

午後偕麗安到台中新建築金都大戲院看電影。美軍海軍部長金波爾本日來台，這是台灣與菲律濱軍事指揮權改歸太平洋艦隊司令雷德福接收後之措施，這亦是美國國務院現任部長來台第一人。金波爾此行，不但是軍事性，而且政治性，台灣形勢更加強。我們不能獨立生

存，要人家保護，可恥、可恥。

3月25日　星期二

　　現任台灣省教育廳長、中央改造委員會委員（兼管組織）陳雪屏，頃來台中視察學校，今午偕台中市改造委員會主任委員黃通過訪。雪屏告我，本黨中央代表大會從緩召開，以免糾紛。雪屏問我對于教育意見。答曰我們太無基礎了，歐美國家教育基礎建立在教堂、家庭、學校、社會打成一片，我們則無從談起。本黨三民主義是以政治為對象，我們在歷史上是以儒家學說為教育基礎，自從反孔，要打到孔家店口號喊出，無人再敢公開說尊孔，但近年來要人演說，往往引四書以自豪。現在日本人多數主張讀經，中國經書為何自家尚無此乎。孔子功勞太大了，刪詩書、定禮樂、作春秋，開中國文化新紀元，我們希望再出新的孔子，將古書中過于陳腐不實用地方加以刪改，再把先聖賢諸先生精神請出來，一切就有辦法了。陳廳長曰中央即將開教育會議，就是討論這件事。雪屏又問我對于學校軍訓意見如何。答曰我上面說過，教育無基礎，故學生作種種無禮貌不正當行為，三育精神太缺乏，為青年成人計，加以軍事管教是應該的。不過軍事教官須加以選擇，必定要選優秀的教員，否則使學生看不起，軍訓就是軍訓，不要鬧其他問題來。雪屏又曰立法院還有意見，自從黨團組織後，情形好多了。余曰民主政治就是歡喜說話，現在總裁運用很好，如立法院長等問題，均已迎刃而解。現在已經團結了，如同螃蟹裝在蒲包內一樣，將來到大陸

時，解開蒲包，不但使螃蟹不要亂跑，並且希望大陸上
螃蟹跑到我們地方來。須知抓螃蟹方法，于晚間在水邊
佈置紅燈，螃蟹看見燈光就來了，我們現在要準備紅
燈，到大陸抓蟹。陳、黃兩位都應聲說，這個比喻是非
常準確的。黃主任並說，現裝在蒲包蟹，不要亂咬。

3 月 26 日　星期三

本擬今日往台北，嗣以台北連日落雨，氣候不佳，
又因無前往十分必要，暫緩成行。午後四時卅分，市政
府陳秘書長積中夫婦陪同徐恩曾（可均）夫婦過訪。徐
等係由台北來台中遊覽者。

3 月 27 日　星期四

在台北有名之中美大藥房，以辦理不善以及受經濟
不景氣影響，早有運用不靈之勢。申叔曾在該藥房任經
理，已于數月前退出這個藥房。董事長方宏孝兄是安徽
同鄉，因此吸收同鄉存款很多。頃方治（希孔）、劉啟
瑞兩兄來函，略謂：「宏孝所經營之中美藥房，近以資
金週轉不靈，以致存款人紛紛率取利息或坐追原本，夜
以繼日，形勢險惡，如不根本設法挽救，倒閉之期當不
在遠。我公愛護宏孝兄最深且切，蒙重注及之，甚盼枉
駕惠加指示，不僅可以解救宏孝之困難，而且對本省多
數小本存款該藥房之人士有之澤惠也。」日前魏壽永亦
來面談此事，請幫忙。我對中美藥房很有感情，很想幫
忙，但心有餘力不及，當即函託曾伯雄將此意轉達劉、
方諸君。

3月28日　星期五

方治（希孔）來電話，為中美藥房事，促余赴台北。為安徽同鄉感情，允予一星期後赴台北。

3月29日　星期六

工友何景明此次由台北來台中，與台灣女子鄧阿端定婚。今日鄧阿端來見，我告阿端曰，何景明是在我家長大的，他沒有嗜好，人很老實，你嫁他是很好的，並給阿端見面禮台幣一百元。

3月30日　星期日

葉適之介紹立法委員王任遠來見。任遠河北省人，奉中央命擔任南方執行部工作，常住香港。所謂南方執行部就是管理情報。新近由港回台，向我報告該方情形。

3月31日　星期一

日本政府推翻中日兩國全權代表已商獲之決定。日本毫無誠意，其目的在拖延，等待美日和約發生效力，然後仍本侵略中國精神，應付中國。

4月1日　星期二

孫總司令立人午後過訪，五時赴彰化。我與麗安去看電影，故未遇見。

4月2日　星期三

本日午車赴台北。午後六時程樹仁來，云陳光甫先生日間出國。彭醇士晚間來看申叔最近作品，大為稱贊，並代題數幅，頃刻間作詩三首。惟彭身體患肺病，是一很嚴重的問題。

4月3日　星期四

關于中美藥房事，劉琪瑞、方治及該藥房董事長方宏孝先後來談，請余維持。現該藥房存款戶頭百分之八十是安徽人，且多窮人，以安徽人關係，在公在私，余均應代為奔走。決定由余先疏通非安徽人較大存款戶頭之李品仙、吳鐵城等，請他們不追款，並且進一步幫助。又以方宏孝在黨的方面與朱騮先較有關係，亦請朱予以維持。程樹仁偕其未婚婦宋萬珍女士來訪，他們本月七日舉行結婚典禮，請余證婚。午後四時訪許靜仁先生。

4月4日　星期五

朱一民因頭部小血管破裂，當時形勢嚴重，現在漸平安，住醫院（中心診所）醫治。又陶希聖小腿骨折斷，亦住中心診所醫治。余特于今日上午，前往該所慰問朱、陶兩氏。下午四時半出席本黨小組會，討論招集

國大代問題。又由張岳軍報告對日外交問題，認為和約最後是可簽訂的，時間是要拖延的。今日在小組會晤朱騮先，談及中美藥房，朱表示關切，無力幫忙。下午偕申叔參觀姚夢谷畫展。姚氏善長畫蝦，故定購七百元一幅。因姚與申叔係作畫朋友，庸叔、光叔與姚台中第二中學有師生關係。

4月5日　星期六

為中美藥房事訪李鶴齡、吳鐵城。李說大家幫忙。吳說最近纔知道辦事人將華僑協會存在該藥房。我請勿追過急，以免倒閉，同歸于盡。吳允轉知辦事人。

4月6日　星期日

楊亮功妹夫慘遭火車衝死，特于今晨前往慰問，並談請于院長為申叔題畫事。

4月7日　星期一

程樹仁兄與宋萬珍女士今午在中華大酒家舉行結婚典禮，請余證婚。程福建人，宋安徽人。又午後五時半至裝甲之友社，參加程新夫婦雞尾酒會。

4月8日　星期二

中美藥房雖經余向李鶴齡、朱騮先等說項，仍想不出辦法。今晨該藥房負責人方宏孝來見，情急淚下。我對他甚表同情，無以為力。午後因該行事，劉啟瑞、方希孔再來晤商，仍無結果。

4 月 9 日　星期三

訪桂崇基、錢穆等。錢擬在台灣辦一文化學院，迄今未得結果。我勸他順應自然。

4 月 10 日　星期四

我此次對中美藥房事，原始只允代為說話，並先申明不負任何責任。前日他想利用我請客，可以引我向負責道路，我未接受。繼又向我籌款，今日又要申叔開畫展為之幫助，均經拒絕，甚至用威脅語氣，殊屬不成事體。當即約劉琪瑞見面，告以該藥房態度不對。

4 月 11 日　星期五

今日徐次辰、桂崇基、桂永清（前海軍總司令，現調總統府參軍長）、樓桐蓀（立委）先後來會。桂、樓等閱申叔畫，異常稱贊。

4 月 12 日　星期六

楊續蓀上午來會。他是湖南人，素來隨前皖主席李品仙（鶴齡）在安徽任財政廳長。楊與李均有款放存中美藥房，楊係該藥房存戶維持會之一，此次與余見面，仍係為該藥房事。我向他表示，只能奔走與說話，其他如幫助款項等等，是辦不到的，就是超過說話奔走限度以外，絕對不能接受的。請楊先生轉告李主席幫助該藥房，但亦不能免強。我拿不出錢，實在慚愧。

4月13日　星期日

馴叔來函，他接曾曜曜自密西根來信稱，他接到外婆等來函，聽說我們蘇州家園，現已成為托兒所云云。

4月14日　星期一

于院長右任今日七十晉四生日，余于上午九時親往祝壽，而于已避壽郊外。余與于係四十年朋友，感情素佳。

4月15日　星期二

【無記載】

4月16日　星期三

于右任先生大公子德望在秘魯任公使，回國述職，本日午後偕劉凱鍾來見。余介紹申叔與他見面，因德望亦習國畫。聽他對畫之批評，仍是走中國舊的道路，不以從新改革為然。桂崇基兄來談，他本係國民黨老黨員，此次黨的改造，他未登記。我向他分析理由有：一、民主國家，人民既有選舉權、罷免權，就不能離開政治，故必須運用政治，更必須有政團、政黨；二、國民黨是中國有歷史最大的黨，你是國民黨老黨員，自以登記為宜；三、服膺三民主義是一件事，不滿意一般黨員作風又是一件事，不可併為一談，放棄黨的歷史關係；四、國民黨現在是倒霉時候，想在黨中有所作為，就在此時努力，將來個人亦才有前途。

4 月 17 日　星期四

本市博愛路英專學校新建禮堂，昨日下午三時，聯合國中國同志會借該禮堂請錢穆演講，忽然天花板墜落，致肇奇禍。立法委員柴春霖受傷不治逝世，錢穆、田培林均受傷，無性命之虞。余今晨九時往中心診所慰問錢、田二氏。

4 月 18 日　星期五

中午十二時蔣總裁在台北賓館招待評議委員午餐，由外交部長報告中日和談，大致結果尚可差強人意，有簽字之希望。

4 月 19 日　星期六

政府發表賈景德考試院長，彭醇士託我向賈進言，擬謀該院內一個部長地位。我特訪賈代為說項，賈允保舉。黃君璧、陳子和約晚餐，在座多是畫家。麗安身體較前虛弱，容易流汗，今日來台北就醫。

4 月 20 日　星期日

陳院長辭修太夫人今日八十五歲生日，余特于上午九時親往陳宅慶祝。

4 月 21 日　星期一

何應欽女公子麗珠與吳佩恩長公子奉生，于本晚在自由之家舉行訂婚典禮。七時參加何氏少數親友晚餐。九時舉行茶會，場面偉大，滿室花籃，香芬四溢，賓主

皆歡，誠一時之盛也。

4月22日　星期二

余左上第二門牙動搖已經二年之久，近忽痛，今日特請周家肇醫生將此病牙拔去。周醫手術優良，毫無痛苦。麗安與我同去的。

4月23日　星期三

司法院秘書長馬木軒招待同鄉徐靜仁老先生晚餐，約余與李運啟等作陪。

4月24日　星期四

清晨訪于右任先生，感謝他為申叔題畫。並為彭醇士所託，轉請于先生幫忙向賈院長進言，保彭為該院部長事。于允即照辦。午後二時監察院首席參事張目寒來訪，並送閱張大千所畫手卷。張對繪畫有深刻認識，對申叔畫大多稱許。上午十時劉抱誠來談，將與顧墨三、林之箴等組織民營漁業公司。

4月25日　星期五

本黨八十八歲元老吳稚暉先生現患小便不通病，余特前往慰問，惟尚未起床。如此老人生如此病，令人憂慮。吾家卅八年四月廿五日飛台北，至今已整三年矣。

4月26日　星期六

麗安今晨回台中。台糖公司董事長李崇實來訪，他

轉述于右任先生意。于公子望德現任南美哥倫比亞、委
內瑞拉公使，擬調阿根廷大使，託我向蔣總統說話。

4 月 27 日　星期日

于望德世兄午後來見，他不想在南美任大使，想在
英美語系國家任大使，請我暫緩向蔣總統說話。

4 月 28 日　星期一

中日雙邊和平修約，經兩個月零七天之交涉，今日
（廿八）下午三時在台北賓館舉行簽署儀式。結束中日
兩國間十五年戰爭狀態，澄清六十年來中日關係與中國
之國恥。惟條約內容多有含糊其詞，未能明確規訂，將
來解釋條約，必多周折，可能還是中國吃虧。我們是戰
勝國，既不能參加舊金山和會，而中日單獨談判，日本
大有戰勝國之氣焰。這都是我們不爭氣，大陸失敗之結
果，這都是究由自取者也。

4 月 29 日　星期二

前日本侵華派遣軍總司令岡村寧次，保證願以此生
之餘年努力改善中日關係，促進中日兩國間更密切之合
作。岡村對于日本方面缺乏對中國了解一點深為惋惜，
他認為應努力使日本人民認識中國偉大、寬恕、明智、
遠見與友好的精神。查岡村本月初始解除整肅，恢復自
由。他上項表示是正確的，果日本人能照岡村所說與中
國合作，不但中日兩國可以永久和平，而亞洲亦可達到
安定。

4月30日　星期三

　　我是黨營事業裕台公司股東代表人，前次開股東大
會時，因在台中未克出席，嗣被選為公司常住監察人，
亦未克出席開會。今日上午特到公司晤胡董事長，談談
業務情形。據云昨年很賺錢，今年因一般市面不景氣，
目前僅能恢維持開支而已。

5 月 1 日　星期四

在日本共產黨操縱下，東京發生大暴動。群眾高呼反美，並毆打美國人與日警，衝突受傷者達四百人，日政府聲明嚴懲禍首。這日本很少有之事件，日本前途憂患必多。

5 月 2 日　星期五

上午參觀台灣動員委員會。

5 月 3 日　星期六

乘上午九時車回中。車中遇立法委員劉漣漪（山東）、楊志煥（號炳文，東北人）等多人。美國每日電訊報今天（二日）以「日本已露原形」為題社論，說世界原以為日本已轉變成一個民主國家，可是五一節在東京發生的暴動，動搖了世界此一信念。三十萬示威的群眾竟譴責美國佔領日本是進行著「全國性的奴化」，足見日本人民對戰敗恥辱記憶尚新，而對戰爭之恐怖則已淡忘。由于日本仰賴西方的原料，這是西方能夠控制日本整軍工作的一個保障，不過其中也有隱含一大危機，即經濟力量迫使日本親近大陸，而共產主義與日本民族主義合流云云。我認這個論說是正確的。

5 月 4 日　星期日

今日仲浮山、彭醇士、岳成安諸君先後過訪。醇士仍為考試院部長事，告以我祇能向賈院長說話，他決明後赴台北繼續進行。岳成安新發表基隆地方法院院長，

特來辭行，擬明往基隆。岳遼寧人，前在新疆任首席檢
察，代理高等法院（岳號世平）。

5月5日　星期一

　　台中防守司令劉安琪受訓歸來，本日午後來訪。我
問他受訓感想，他說受訓很好，當然比不訓好。現在台
灣一切都有進步，惟尚有未能正常者。

5月6日　星期二

　　我住台中時代路模範巷一號已三年矣，這所住宅是
黨營事業興台公司（現改裕台公司）祝麟、朱國材諸君
代為準備，余深感他們的美意。此屋屬于青菓公司（官
商合辦）產業，興台承租三年亦已滿期，頃接台中市
府通知，青菓公司已將此屋託市府出售，但其中情形複
雜，特託李先良兄代為接洽。余從前對于興台未負任何
名義，祝、朱等為敬老計代為準備，今者我是裕台常住
監察人，更有資格磋商也。

5月7日　星期三

　　自舊金山對日和約簽定後，使日本回復獨立。繼之
中日在台灣亦簽訂和約（很勉強），因此太平洋民主國
家之形勢隨時轉變加強。最近美國太平洋艦隊司令雷德
福來台視察，宣稱在太平洋防共方面，台灣地位極為重
要，太平洋艦隊在遠東力量充沛，足夠擔任參加韓戰、
保衛台灣兩大任務。因此台灣地位更穩固、更堅強。雷
德福認為蘇俄在遠東擁有八十艘潛水艇，是一個正確數

字，對太平洋是一個最大威脅。

5月8日　星期四

申叔赴法國習美術，出國護照既經外交部發給，嗣與駐台北法國領事館接洽，允予代向法政府申請入境。今午申叔來電話，法領事已將申請入境書，于六日寄往巴黎，一俟法政府批准入境，法領事即可簽證。然後纔能向台北市府兵役科申請兵役出境，再然後纔能向保安司令部申請一般出境。其手續之繁，出國之難，未有甚于此者。就種種象徵，申叔或可達到出國之目的。今年暑假是我最煩神一個時期，如申叔出國、庸叔考大學、光叔考高中，就是能照希望達成。但為學生食住起見，以及為經濟計，居家地點勢須搬遷。本晚（八日）偕麗安台中戲院看電影。

5月9日　星期五

上午十時徐佛觀陪同本市師範學校校長黃金鰲來見。黃（號冠宇）原籍合肥，生長北平，寄居宣城，任師範校長已三年。此人老成練達。黃面約余明晚便飯。

5月10日　星期六

錢穆（賓四）傷口已愈，特來台中修養，午後過訪。嗣又同到黃金鰲家晚餐，有劉安琪、沈成章、徐佛觀等在座。張文襄公之洞有三不爭：「一、不與俗人爭利；二、不與文士爭名；三、不與無味人爭閒氣。」

5月11日　星期日

近日未落雨，天氣很熱。午後李慶麐（適生）過談。他習農業經濟，暢論中國農業以及農業復興會美援情形。

5月12日　星期一

據劉防守司令安琪說，日前美國太平洋艦隊司令雷福德在湖口參觀我國陸空兩軍聯合演習時，空軍炸彈、陸軍砲彈多落在參觀台前三百英尺指定目標，異常精采，足見訓練有方，深得雷等之稱許。劉司令接著說，美國以人的生命萬分重要，對于戰事，用科學武器勝敵人，不以精神肉體敵人云云。歐美科學進步，國家在第一次大戰已經如此，第二次大戰更進一步如此。我們科學落後，素以精神肉體勝敵人，今者接受美國軍援與訓練，當然受其影響。因此我們軍隊之組織與夫戰略之思想必然改變，如此必定有大規模武器生產，及優良技術訓練，方可以應戰事。

5月13日　星期二

一世紀以來，中國受外人之欺凌，媚外、懼外之劣根性已深印腦海。尤其是中國要人的心裡，為推行自己政策，對于外人不惜委曲求全，甚至失去身分，這就是官僚買辦對外人的作風。但至國民革命軍完成北伐，取消不平等的領事裁判權，一直到抗日勝利，中國國際地位提高到五強之一，可謂極勝一時。今雖失敗，退守台灣，不得不請同一戰線之國際之協助，但媚外態度萬

不能再有。如過去兩年以及當前，美國要人不斷來台，最近對日和約簽訂後，日本要人亦開始來台。我方招待與接洽等事，應有一定之程序，由有關機關出面，不應爭取。媚外、無關係的個人亦從中活動，則未免有失國格、有失人格，遺誤國家。

5 月 14 日　星期三

台北電話，申叔上星期六（十日）腹瀉，似痢疾，發寒熱至卅九度，現已退熱。請朱仰高醫生診治，準備注射痢疾針。此次受病原因，不外受寒涼、蚊蟲咬及飲食不潔之故。申叔身體本不強健，經此病後，必更衰弱，因此更延誤作畫展覽。

5 月 15 日　星期四

台北電話，申叔熱度已退。惟腸胃不佳，尚須打針，尚須調養。

5 月 16 日　星期五

杭立武兄昨年冬赴歐美活動國民外交，日前回國，今午後來談。據云美國已認識台灣之重要性，美國亦已改變觀感。

5 月 17 日　星期六

昨日有警報。據云昨十三時先後接各地報告，距台灣本島西部七十至九十浬左右海峽上空，發現不明機多架，分批有向本島進襲模樣，遂即發出警報。于十三時

四十五分解除警報。黨史編纂委員會徐忍茹（原係該會
副主委）、孫鏡（號鐵人，湖北京山人，現任該會主任
秘書）、李治中（號心一，現任該會秘書），徐、孫均
年七十。他們于今日（十七）午後來訪，暢論黨史之
經過，對現在本黨中央改造委員會于黨會之用人深為
不滿。

5月18日　星期日

今日上午、下午台中市均有空襲警報。據說台灣本
島中部之西方約六十至八十哩海峽上空，發現不明飛機
多架，有向中部進襲模樣。聯勤糧秣廠廠長劉逸奇兄本
日送來該廠所出罐頭樣品一小箱，請余嘗試優劣，因係
樣品請嘗試，故收下。

5月19日　星期一

本晚與麗安、庸叔、光叔飯後閒談。余批評四個
兒女：

一、馴叔既已出國，繼之出嫁，又生外甥，我已盡全
　　責，可以放心撒手。

二、申叔已明了社會人情世故，可以單獨生活，就是離
　　開家中，亦無問題，也可撒手。不過他身體衰弱
　　有病，讀書未成，當前雖曰也可撒手，尤感責任
　　未了。

三、庸叔讀書聰敏，心地忠厚，但精神（靈魂）不能
　　控制四肢五官，尤不能控制口亂說、手亂動、腳亂
　　跑、眼光四射。這樣很難撒手，很易闖禍，是我最

煩心的。

四、光叔與庸叔實得其反，但年齡最小。他忠厚聰敏不
　　及庸叔，但其他均較庸叔為優。

5 月 20 日　星期二

不思飲食，有熱度。

5 月 21 日　星期三

請徐學純診治，下午四時卅七度三熱度。據云係傷
風。余體溫平時上午在卅六度至卅五度，下午在卅六度
七，是最適宜體溫。下午服瀉。

5 月 22 日　星期四

今日體溫上午卅六度七，下午卅七度一，很不舒
適。憲兵團長王介艇來見，他係合肥梁園人，與道叔軍
校八期同學。此人儀表深合軍人標準，頭腦很清楚。係
由張載宇、徐學純一同來者。

5 月 23 日　星期五

今日熱度全退。

5 月 24 日　星期六

熱度雖退，服大瀉二次，仍不思飲食。合肥同鄉羅
本初陪徐忍茹老先生來見。徐說是光復會同志（該會反
同盟會），自退出黨史編纂委員會代主委後，生活日感
困窮，意欲我代向中央說話。

5月25日　星期日

署理台中地方法院檢查官韓巨韜（號六如，陝西武功人）今晨來見，係為故焦易堂老同志夫人焦江定存款中美藥房不能兌現，託我代向該藥房說話。韓與焦有同鄉朋友關係，故託韓來見我。

5月26日　星期一

熱度既退，胃口既開，但腹響、腹瀉不止。推原其故，恐因此次之病先用退熱藥，再用開胃藥，再用清腸藥，均于腹瀉無效，改用仁丹少許，還是無效。誠恐此類藥含有瀉性，故今日不再吃藥，而腹響、腹瀉竟愈。由此經驗，有病必須請醫生，但用藥須適可而止，倘用藥太過，不但于無益，反恐有害。

5月27日　星期二

英、法、美三國昨日在波昂與西德簽署和平契約，結束七年佔領，西德重獲主權。歐洲防禦公約亦于今日在巴黎簽字，將由西德出兵卅萬參加歐洲聯軍，並將允許西德建立戰術空軍。英、法、美三國今發表宣言，「保證駐軍西歐，如果西德退出聯防，美、英與法即採聯合行動」，這是英、美保證法國安全。此次西德和平契約繼日本舊金山和約之後而成立，這是蘇聯冷戰又一失敗。倘蘇聯不採取行動，待東日本、西德國武裝完成，則蘇聯必大受威脅。

5 月 28 日　星期三

今日是端陽節,施樸如夫婦等來拜節。家家吃粽子,充分表現台灣社會安定。

5 月 29 日　星期四

憲兵司令部政治部主任梁若節來台中視察憲兵團,特于上午來見。台北來電話,合肥同鄉老朋友李應生運啟病故,後日大殮。余擬明日赴台北參加喪禮。李現任立法委員,與余私交甚深。

5 月 30 日　星期五

乘午快車,于午後五時抵台北,比即至極樂殯儀館弔李運啟先生。據劉啟瑞兄云,二十八日(端午節)運老見客過多,至夜十一時客始散,遂即就寢。廿九日晨三時感覺內部難過,並嘔吐至五時。請醫生打強心針後,病勢不減,反而漸漸加重,至午後一時逝世。究竟病在心臟還在胃中,尚無法證明。李今年六十七歲,為吾鄉稀有公正人士,其持躬嚴肅,正氣凜然,有如鄉先賢之包孝肅。

5 月 31 日　星期六

昨晚今朝前台中市長陳宗熙兄來見。陳現任總統府秘書,想兼任行政院不支薪設計委員,以資多加研究,託余向陳院長進言。當即作函介紹。午後二時參加李運啟先生大殮典禮,並公祭。四時出殯,五時大葬。往弔者約三百人,都認為李氏為人公正,無不嘆惜去世過早也。

6月1日　星期日

今日接見客人甚多，有張目寒、葉成、吳南山等。與目寒談申叔作畫，以及將來開畫展。葉現任軍長，駐嘉義，他說軍隊進步情形很快。

6月2日　星期一

余身體似不如前，特請朱仰高醫生診治，主張注射補針，今日開始注射。午後白建生來訪，順便談談國民大會等政治事宜，並約本星期日下午偕其子來看申叔所作的畫。晚間偕申叔訪黃君璧，並看余恕庵禮佛圖，認為是歷史性政治與美術之重要手卷。

6月3日　星期二

上午到李宅慰問李運啟夫人。據李夫人云，運啟病況可能是急性胃腸炎而逝世。

6月4日　星期三

上、下午會合肥同鄉丁潤生、蔣公達、金幼洲、羅隱柔諸君。潤生曾任衛立煌駐京辦事處，他談衛失敗情形。公達于去年四月由大陸逃來台灣，說大陸同胞悲慘情形。金、羅兩人係為劉銘傳紀念堂事，擬約同鄉會商。

6月5日　星期四

新任考試院考選部長史尚寬今晨來訪。此人法學專家，擅長憲法，並通英、德、日語言文字，其品行尤為

端正，吾皖特出之人才也。

6月6日　星期五

下午四時半出席總統府區黨部小組會議，討論召開
國民代表大會事。決議國民大會應該召開，但在宣佈開
會期之先，應將所有問題迅予妥慎解決，遂即散會。此
次會議係推予臨時主席。

6月7日　星期六

李崇年兄本日午後將擬就上總裁關于經濟建設意見
書請余閱看。其中重點在工業生產，改進落後農業，提
唱商人道德，確有見底。

6月8日　星期日

回看新考選部長史尚寬兄，又訪楊亮公等。偕申叔
到白建生家，請白看申叔畫。

6月9日　星期一

友人熊哲民（名斌，湖北人，前陝西省主席）八十
四歲老母逝去，本日在極樂殯儀館開弔，余于上午十時
親往弔唁。

6月10日　星期二

青年黨劉士英上午過談，關于該黨內部問題，迄今
尚未解決。

6月11日　星期三

今午十二時卅分總裁約評議委員午餐，余準時前往參加。席間由張秘書長其昀報告召開第七次代表大會事，據云現正分組研究，將大會各種問題在開會之先預為解決。此次代表人數以少為原則，暫定代表二百人，其代表人選注重華僑與軍人。新中央執監委員亦以少為原則，暫定卅餘人。並擴大評議委員，加強評議委員權責。

6月12日　星期四

司法院副院長謝冠生的太夫人病故，享壽七十六歲，余于上午十時到極樂殯儀館弔祭。

6月13日　星期五

朱一民兄前次重風，相當危險，現已出院，今日特到朱宅訪問。

6月14日　星期六

午後偕申叔、伯雄到板橋張元夫家看其珍藏之古畫。寄嶠晚間來談本日晉謁蔣總統，請求出洋考察，蔣允考慮。

6月15日　星期日

本日下午三時在金幼洲兄家合肥同鄉開會，商討劉銘傳先生紀念堂為人侵佔事。決定由余與許靜仁諸同鄉先致函省府吳主席、市府吳市長予以保護，並一面查清

該紀念堂經過情形，再作俱體計劃。

6 月 16 日　星期一

蔣總裁近來認清五四運動之得失，以及主張整理經書，切合時宜。又主張由農業社會改為工業社會，尤為治國之良藥。很希望按此原則，極積力行。

6 月 17 日　星期二

中央黨部張秘書長其昀午後過訪。先談羅家倫批評過去新疆吾人之錯誤，認為不實在，請張代陳總裁，予以糾正。張問余對于未來之第七次代表大會之意見，張並說將來新中央委員預定卅二人。余曰新委員人數多少固屬重要，倘人選為各方所推重者，雖人少，必能為各方所諒解。中央此次既決心開大會，當然不怕人家批評，但在台灣以外同志很多，難免有所表示，總宜設法減少他們藉口。張又云以現在情形，大陸每省可出一名代表，問我對安徽代表有人否。答曰此次請我推薦任代表者，我一概謝絕，致安徽一名代表，我亦不擬推舉。

6 月 18 日　星期三

今日盛晉庸兩次過訪，認為羅家倫對于共產理論之錯誤影響本黨，特上蔣總裁書，予以批駁。

6 月 19 日　星期四

天氣悶熱，客多而煩，擬明日回台中休息。

6月20日　星期五

乘上午九時車赴台中。

6月21日　星期六

此間住屋原由興台公司租與余居住，租期三年，現已屆滿，擬由余續租，正請李先良兄代為接洽，今晨與李見面談此事。

6月22日　星期日

頌聖讚美詩

有其父必有其子，知其徒先知其師。

合肥同鄉王揖唐先生之父澤齋老人訓子弟詩

莫嬉莫賭莫抽煙，勤儉持家自積錢；

積得錢來休侈富，廣施公德濟顛連。

6月23日　星期一

黨史委員會主任秘書孫鐵人來訪，談徐忍茹事。告以已與張秘書長其昀面商，張云徐擬任副主任委員，不能辦到，如生活困難，予以補助是可以的。倘徐需要補助，我可函其昀云云。

6月24日　星期二

今晨分訪仲浮山、李慶麐等。

6月25日 星期三

盟軍五百以上的聯合機群,發動韓戰以來的最大一次空襲,猛炸鴨綠江上水豐發電廠。該廠是世界上第四個最大水電廠,係日本人於第二次大戰中所建築。由于電廠位于鴨綠江的北韓境內,故電廠之被毀,料將使東北各工廠及城市所用之電力為之癱瘓。水豐電廠每日可供電六十萬瓩。除炸水豐電廠外,並炸北韓其他四個水電廠。按從韓戰發生以來,聯軍一直避免攻擊這些電廠,是聯軍內部之弱點,主要原因英國反對。據悉英國現同意聯軍統帥自由處理韓戰,故有此次大轟炸。各方揣測,北平政權于其領域內受到間接攻擊,正待共黨在韓國前線反應。

6月26日 星期四

錢穆(賓四)午後過訪,他身體業已復原。顧志誠午後來訪。顧蘇州人,金陵大學習農業,曾到美國,現在台中經商,與我暢談將來中國建設以發展工礦為目的。

6月27日 星期五

日前立法院張院長道藩因公來台中,廿五日過訪。與談申叔擬赴法國讀書事,據張云:「法政府內心不歡迎中國學生,所以對學生申請入境拖延批准,甚至永久拖延下去。如由法領事電報申請或託人交涉,亦有可能期望。」就張所談,申叔赴法雖已由法領事電報申請,及我國駐法大使段代辦交涉,能否成功,尚屬渺茫。申

叔運氣之不佳，何以若是耶。張院長道藩對申叔人品與
畫作印象很深，並約定下次看申叔作品，要我打電話約
定時間。

6月28日　星期六

　　青年黨立法委員林可璣本日抵台中，午後偕王嵐僧
兄過訪。談該黨分裂後，迄今仍無團結方法，說國民黨
將出面調解。林現任該黨宣傳與外交之責，王亦是該黨
重要分子。

6月29日　星期日

　　晨訪林可璣、王嵐僧兩兄，外出未遇。訪同鄉劉逸
奇，外出未遇，其夫人招待。他有男女兒女十個，大者
二十歲，小者三歲。

6月30日　星期一

　　申叔來電話，赴法留學，法政府已批准入境，駐台
北法領事今日上午已簽證。聞之非常快慰，今後辦理兵
役出境及開畫展須二、三月時間，仍希國際無變化，
則申叔當可安然赴法矣。申叔如能出國，這是我家很大
的事。

7 月 1 日　星期二

友人立法委員鄧鴻業台北病故，特函曾伯雄代表弔唁。

7 月 2 日　星期三

回看錢賓四（穆），暢論中國哲學。據云他對孟子、莊子、朱子、王陽明四家最喜研讀，最有心得。計談二小時。錢賓四學問有根底，且確實，其人品乃書生本色。值此國家紊亂之際，無由發展其才，殊為可惜。與余談話多次，在學術上之意見，不謀而合。余沒有機會、沒有力量幫助錢氏，奈何。

7 月 3 日　星期四

裝甲兵蔣司令緯國來台中舉行宜寧中學畢業典禮，因緯國係該校董事長，該校前身為裝甲兵子弟中學。本日上午十時緯國偕其部下蔡副司令、尹縱隊長、鮑處長、醫院徐院長，及第二補給區張司令來余家訪問。緯國向蔡等說：「吳老伯同我父親是一樣的，我與吳老伯在一起時間，比較與我父親在一起時間多。」余又將緯國家庭教育的禮貌、吃苦、不說假話等等向蔡等介紹。

7 月 4 日　星期五

劉司令安祺太夫人有病，余于上午十時偕麗安至劉府慰問。據夫人云，太夫人年已七十七歲，係患高血壓症，左手足不能動，不能說話，不進飲食。

7月5日　星期六

庸叔今日在台中省立第二中學高中畢業，光叔在第二中學初中畢業，並免考直升高中。庸叔擬考台灣大學化工系、台南工學院電化系，希望能考取一處。倘申叔再順利赴法，則余心滿意足矣。劉司令安祺來告其太夫人病勢沉重，並商議後事。

7月6日　星期日

劉司令安祺太夫人于六日子時壽終，因事先已有準備，比即大殮，于上午九時移靈市外寶覺寺。余上午十時半偕張司令前往弔唁。

7月7日　星期一

庸叔、光叔在第二中學畢業，特于上午十時偕庸叔至該校拜訪該校當局。因校長羅人杰先生赴台北公幹，由教務主任吳耀（光祖）招待陪同參觀。其校舍甚具規模，內務整齊清潔。

7月8日　星期二

錢賓四（穆）、周序龍、宋叔樵及友人趙棣華二公子先後來訪問。周、宋都是軍人。趙公子現在台大任教授。顧志誠送清代名畫家吳讓之枇杷一大幅。此種難得古畫，未便收受，當即表示俟與申叔參考後即歸還。孔子曰：「可與言，而不與之言，失人；不可與言，而與之言，失言。知者不失人，亦不失言。」孔子曰：「君子不以言舉人，不以人廢言。」

7月9日　星期三

　　中央日報主編「我們敵國」下編「俄帝侵華史實」，六月二、三、四日連續刊登羅家倫所作的「蘇俄的基本國策」一文，皇皇萬言。前新疆督辦兼主席盛世才檢討羅家倫此文，不僅在理論上犯重大錯誤，而且顛倒史實，攻擊中央及過去負責邊吏（盛世才、朱紹良及余均在其內）。盛氏為文駁斥，草成「檢討羅家倫六大錯誤」一文，在今日亞洲刊物發表，計一萬二千言文字，駁得羅氏無地可容，亦可說羅氏一生未受過此教訓者。余以冷靜客觀公正的態度，及本「事理不辯不明」的精神，予以批評。羅氏不免矯橫、目中無人，不懂馬列主義而作馬列之批評，不明邊疆實情而攻擊邊吏失職與中央無能，不攻擊敵人，而無理的攻擊自己，實犯了不可恕重大錯誤。因盛氏文章過去另行保存，故未載此日記中。羅家倫久任新疆監察使，為何不在當時糾舉彈劾，乃遲至將近十年之今日，竟在帶國際報到性中央日報發表，充分證明他在十年前未能盡其職責，有辱監察的使命。我憑良心說一句話，我在新疆未做失職的事。羅家倫是勢利小人，因我們不當權位弱者之故也。

7月10日　星期四

　　中央改造委員會今日宣布通過全體黨員雙十節（十月十日）召開第七次全國代表大會，其通告文中有：「本黨領導國民革命，至今五十八年，在此期間本黨組織每隨革命環境之變化，而有所演進。總理在世時，本黨黨名即有五次之更易。」文中又有：「改造委員會依

法代行中央執監委員會職權。」就第一項推測，似有改黨的名稱之意，第二項很明顯不經第六屆中央委員全體會議決議召開第七次全國代表大會，其召集權則已屬于改造委員矣。以現在形勢而論，大家唯一目的，希望早日返回大陸。現在台灣諸同志似乎沒有人批評，倘辦理欠妥，在台灣以外黨員，恐難免發生反感也。

7月11日　星期五

頃致申叔一函

　　作畫多少，作畫程度，係無止境。為保全身體健康，及把握時間計，應該就已成作品，速題、速裱，定期展覽（配合兵役出境）。否則各種環境都不許可，似可不必展覽，即將已成作品帶往巴黎，很可增加個人聲譽。如用上二項主張之一，切合時宜，切合實計，何去何從，應下決心，勿再拖延。

　　　　　　　　　　　　　　　　七月十一日午

7月12日　星期六

　　庸叔今午車赴台北。孫本戎（良翰）兄偕章滌生兄，今午車由台北來台中，留便飯，仍乘午後四時廿分車回台北。孫因顧墨三停止每月三百元接濟費，生活發生問題，託我向總裁進言，我允日間到台北時，請俞紀時代向總裁轉呈此意。章係安徽人，陪同孫來台中者。

7月13日　星期日

　　劉司令安祺太夫人今日在寶覺寺開吊，余與陸心

亘、李先良于上午九時往弔，適大雨，道路濘泥。心亘
係昨午後到台中，專為弔劉太夫人而來者。心亘下榻余
家，即于今午車回台北。韓文煥偕邱開基來訪。邱現任
雲南李彌司令參謀長，新近由前方來台者。

7月14日　星期一

致申叔函

　　你的作品，山水合乎一般水準，花鳥在目前台灣尚
未聞可與比擬者。其最使人驚奇者，青年天才作家耳，
所以必須使用年齡壓腳圖章，並可補助書法之不足，應
速雕刻。至壓腳章式樣，不外「申叔念一歲作」、「申
叔及冠之作」，或其他。

7月15日　星期二

致申叔函

　　仲老先生說，作畫用年齡壓腳章，須每年更換，似
可加刻一個與名章大小一樣（差不多大小亦可），「生
于壬申」方章，與年齡章分別使用，較為方便。年齡章
與壬申章不能同時用在一幅畫上。壬申章最好蓋在名章
之下，亦可看畫之張法，蓋在其他處亦可。壬申章要用
陽文，因為常久使用，須請較好技術者雕刻。是否需要
此章，仍望加以研究。

7月16日　星期三

　　陳泮嶺（峻峯）兄上午過訪，擅長國術，在台灣多
處推行。陳年六十一歲，其面貌精神如四十歲，此皆研

究國術的結果。

7月17日　星期四

昨晚第二中學羅校長人杰過訪。我首先道謝他，庸
叔、光叔在二中畢業，繼談一般教育。

致周彥龍函

彥龍老弟：

十四日午後來函敬悉。關于申叔出境手續，雖由伯
雄已在辦理，畫展亦在準備，但時間關係太大。申叔因
身體較弱，過去兩年遇事犯一個拖字病，誤事很多。如
決心開畫展，須與出境時間大致配合，從速展覽，否則
各種環境都不許可，就是展覽，收效必微。請吾弟隨時
到和平東路與彼等商酌，多予主持。我下次來台北，專
為申叔出國及畫展兩件事，就以何時來台北為宜，擬以
申叔需要而定。開畫展不是一件簡單事，須相當時間與
技術，多方接洽，纔可免去其中之困難，決不是如申叔
想象之易也。

禮再拜　七月十七日午

7月18日　星期五

申叔來電話，辦理兵役出境發生波折。因赴法國留
學，法國向無學校入學證的制度，而主辦兵役人，須要
如美國留學之學校入學證。申叔運氣之不佳，何一至于
此，中國辦事之難，于斯可見。好在政府所發護照已經
法領簽證，再加申叔出洋習美術，總統與中央當局都是

知道的。這件事既有波折，必定費口舌，就情理看來，
最後似乎准予出境的。

7 月 19 日　星期六

庸叔本午由台北回來。據云考台南工學院，從自己
看來，只有一半把握。又帶來申叔最近作品花鳥數幅，
非常美觀。

致周彥龍函（十九日午後）

彥龍老弟：

十五日賜書敬悉。信自到台灣後，深深感覺家事累
人，尤以年老心力衰，不能耐煩劇。對于三個兒子責任
未終了，大有負不起、丟不開之勢，這是年老人不幸之
苦境。光叔今年坐升高中，尚可差強人意，庸叔考大
學結果如何，尚無多大問題，惟申叔出國事，殊令我等
煩神。現聞兵役出境發生波折，請老弟與伯雄弟研究一
妥當補救辦法。法國留學無先發入學證之習慣，好在有
段代辦法教授之函件，似可作證明，希望兵役科通過。
倘兵役科認為不能負責，只有斟酌需要情形，與國楨、
朝琴、西谷分別一談。台北市兵役出境，其權在市府，
或在省府，就是兵役科通過，其他中間機關還可另生枝
節。好在申叔出國，總統是知道的。

7 月 20 日　星期日

庸叔由台北回來說，據師範學院花鳥教授林聖揚
說，申叔花鳥已趕上八大仙人，其色采超過八大。連日

豪雨滂沱，各處溪流暴長，橋樑流失，交通中斷。

關於申叔出國事致周彥龍函大意（七月廿日上午）

凡事託人家幫忙，在人家方便，而又不失立場，人家是願幫忙的。凡解決一件事，是以事實為重的。申叔出國有一段經過之事實，可否由申叔根據事實，具文呈請省主席批准出境。

7月21日　星期一

近日心緒很不佳，都是為兒子煩神。佛家說「愛情是罪惡」。本晚與李先良談談國內外形勢，認為第三次大戰目前不致爆發。中國居被動地位，無法單獨行動，國際間可能有一度假和平，這是與中國大為不利的。

7月22日　星期二

致周彥龍函

十九、廿一兩函計達。關于申叔出國，假定法教授證明函仍有問題，可否保證申叔入學後，再由該校證明如何。這件事在大的方面，如教育部、外交部、法領事都已通過，在兵役科發生小波動，就情理而論，似乎可以解決。雖然如此，誠恐功虧一簣耳。

正封函間，接二十晚來函。已收到十七、十九兩函，並云申叔出國，至現階段難免仍有困難，不久當可成功。

7 月 23 日　星期三

上午十時偕光叔到市立圖書館參觀劉峨士先生遺作書畫展覽。在抗日軍興之際，故宮博物院遷移貴陽，劉氏亦于此時由北平到貴陽，遂入該院服務，因此得窺宋、元真蹟。用多年時間，先後臨摹二百餘幅，無異原本，尤以臨夏珪江山萬里圖為最偉大。忽于四十一年四月病卒（肺病），得年四十歲。以劉氏作畫毅力、工力，非常人可以比擬者。劉氏具有素描天才，無人培植，良可惜也。

7 月 24 日　星期四

美國特種艦隊及其所屬飛機，昨日（廿三）在台灣海峽大演習。據美國太平洋海軍當局表示，這次演習是給共黨一強硬警告，演習時機艦曾逼近大陸邊緣，顯示隨時可以攻擊福州、汕頭等沿海城市。

7 月 25 日　星期五

【無記載】

7 月 26 日　星期六

今日有點發熱，不思飲食。顧志誠午後來訪，談談市場情形。他現在台中經商，將來回大陸擬辦工業。午後四時申叔來電話，法領事已在法教授文件上簽字，證明該教授函等于入學證。

7月27日　星期日
【無記載】

7月28日　星期一

曾伯雄來函，申叔役男出境申請手續，經十天之奔走，均已辦妥，靜候批准（需時約二、三星期）。聞之甚為欣慰，希望勿再另生其他枝節。庸叔未能考取台南工學院，其原因：一、書法太壞，使人認不清；二、考前驕傲；三、臨考慌張。此次雖未考取，是與他一個大教訓。錢賓四（穆）上午過訪，仍談中國歷史哲學，彼此理論很接近，並留錢午飯。

7月29日　星期二
致周彥龍函

廿七日來書，知申叔出國手續獲得順利階段，殊屬不易。惟經過民廳主管，可能另生枝節，仍請老弟注意及此。據伯雄來函，預計申叔出境批准需時二、三星期，所以信擬八月一日午車來台北，準備申叔畫展。如果認為來台北時間過早，請告伯雄來電話，我即緩來可也。現在開畫展太多、太爛，本不是申叔畫展機會，祇以申叔青年天才作品及將出國，不能不有此一舉。既已決定舉行，當然希望有人購買。要人家出錢，不是一件簡單事，必須事先用自然方式對各方接洽。

7月30日　星期三

晨七時半劉抱誠來訪，係由彰化來台中。劉新任台

灣省府漁管處處長，蒯世祉可能在該處得一工作。謝應新係吳少祐、吳和生兄弟介紹與余的，余先派謝在蒙藏委員會，隨余到新疆，至抗日勝利還都，大陸撤退來台，均是隨余任副官，深資得力。他的家眷由南京移香港，嗣又移來台中，住模範巷余宅將三年矣。謝因閒居無事，昨年由李崇年介紹豐原嘉豐布廠工作，他的家眷仍住余宅，應新則早去晚歸，頗為辛苦。他已有兩個兒子，而他的家眷又將生產，早出晚歸，頗為不便，故于昨日（廿九）將家眷搬往豐原。

7 月 31 日　星期四

本擬明日赴台北，因申叔畫展作品尚未完成，擬緩前往。暫改定三日，抑或再延，亦未可定。大華新村青年黨王嵐僧、林可磯晚間來訪，他二人都是該黨中之負責者。據云該黨分裂，經第三者數月之調解，現在關鍵在該黨行政院政務委員王思曾之辭職，他們要求將來行政院改組時，雙方青年均不參加，對方未能接受。余告王、林二君，如能做到王思曾辭去政務委員，減少對方之怨恨，仍由大華新村青年黨另提政務委員，將來行政院改組時，雙方均不提政務委員，這樣予調人面孜，對方亦或者可能接受。他二人深以余意為然，擬回台北與各方商酌。

8月1日　星期五

庸叔由台北來函，今、明兩日考台灣大學，五、六兩日考師範學院。他說申叔畫已全部付裱，並已洽妥中山堂和平室，訂于二十一—二十四日開四日畫展。當即由光叔復庸叔函，大意：

父親說開畫展日期要與接洽賣畫相配合，應該事先商量或電話商量，在禮貌上亦應先報告後決定，現既決定，亦無什麼話說了。父親已定三日午車來台北接洽賣畫，將來結果如何，不得而知。父親說畫展目的在籌款，宣傳是次要問題。前說擬印請箋五千份太多了，印刷費很貴，開畫展要節檢，不要亂開支票，不要浪費。父親說申兄與我們看事太易，其結果不是那回事，要我們留心。父親說他辦事最有研究是時間，要有寬餘時間，他最不歡喜臨時抱佛腳，弄到手忙腳亂，出力不討好，要我們注意。

光叔　八月一日下午

8月2日　星期六

此間住屋期滿，特託李先良代為租。今晨與李面商，尚須經過相當時間，又託李代為辦理長途電話登記事。

8月3日　星期日

乘午車台北，到後談申叔畫展事，決定本月二十一、二、三、四，展覽四日。以現在情形，機會不甚好，大多無購買力。

8月4日　星期一

　　午後五時財政廳長任顯羣過訪。此人頗有氣慨，敢作敢為，辦理台省財政很成績，收支將達平衡，誠屬不易。

8月5日　星期二

　　請端木鑄秋幫助申叔畫展，他深表贊同，積極聯絡各方。午後一時吳主席過談，同他談及申叔畫展，他亦允幫助。余並向余說明理由：（1）申叔年將弱冠，繪畫而有此成績，為他將來前途計，故須展覽，也是為父的責任；（2）申叔即將赴法深造，學費亦成問題，亦須畫展。劉抱誠晚間來談，特託幫助申叔畫展，十分熱心。

8月6日　星期三

　　計劃畫展，端木鑄秋負責奔走，深為感激，頗有成績。中午到台大醫院看吳稚老病。

8月7日　星期四

　　上午九時與端木談畫展。庸叔目前來台北考台灣大學及師院，已考畢，今晨回台中。約金克和兄見面，託其幫忙申叔畫展，他很熱心。

8月8日　星期五

　　午後五時出席小組會議。計劃畫展非常傷神，以我年老，申叔年小，辦理此等大事殊屬不易，很覺吃力。

8月9日　星期六

申叔八十幅展覽畫經已完成，現已裱成大半。

8月10日　星期日

上午趙執中偕黎再符來訪。黎現在台南工學院教書，余前任皖省主席時，黎任專員。師範學院劉院長來訪，申叔畫展時，他允作文介紹。午後張道藩來訪，談繪畫事。

8月11日至28日　星期一至四

從十一日起極積籌備申叔畫展，非常煩忙，各種展覽技術很不容易，因此無暇逐日記載。僥倖于廿四日平順展覽完畢，茲將兩週較大事宜分別記于後。

一、此次展覽于廿一日午後四時至六時預展，到三百多人，但定畫只有卅餘人，均定標價最低者。二十二、廿三每日參觀展覽約一千數百人。廿四日係星期日，參觀展覽約二千數百人。從來台北畫展沒有如許多人參觀。申叔既能山水及花鳥，而內多創作，至展覽規模之大，內容充實，亦為台灣歷次畫展所無者，真可謂一舉成名。惟年來台北畫展太多，購買無力，且因此社會日漸煩厭，當斯時也，展覽是一件最大困難的事。此次展覽由端木鑄秋主持與各方接洽購買，郭寄嶠、金克和、劉真諸人協助，馬壽華（木軒）、張目寒分別聯絡諸畫家，至閉幕時計出售大小四十二幅，已超過半數，余深為滿意。因申叔年事太輕，不採宣傳政策，僅在中央

日報，于廿四日由師範學院院長劉真發表申叔畫展之介紹而已。茲錄介紹原文。

吳申叔畫展介紹

劉真

中西畫派，原極紛雜，二十世際以來，由于交通發達，文化交流，美的觀念，漸趨一致，作風亦互相影響。歐美新派畫家所繪線條，處處顯出中國畫的意味，中國畫家之寫實作風，處處發現西洋畫之影響。中西文化，本有息息相通之處，今能捨短取長，正乃勢所宜然。

申叔辨識此一合理趨向，擇善固執，先從學理上找出繪畫必由之路，了解透視，描繪形體，再則博涉古今各家，襲取神髓，而後放筆縱橫，恣意創造。凡此，固然由其天賦高卓，但亦不能不歸功于一代畫家陳樹人先生的指引。樹人先生一生清廉孤介，畫格絕俗，直至晚年，不傳弟子。迨遇申叔于重慶時，申叔年甫十一，愛好繪事，落筆揮毫，不同凡俗，樹人先生驚為天才，乃收為弟子。嗣抗戰勝利，同返滬濱，遂將畢生心得，悉相傳授，而申叔乃盡得其真傳。

余乍見申叔所繪之花鳥，每覺畫面鮮豔明快，無一筆非樹人。實則佈局運筆，糅合青藤、白陽、八大、南田趣味，慧心獨運，又無一筆非申叔也。

申叔山水，直指石田、石濤，純出自學，未假師承，意境高超，氣韻生動。所寫大幅，筆力雄渾，間作小品，尤多靜趣。申叔年方及冠，有此成就，他日再經

深造，必能為國畫闢一新蹊徑。最近應友人之邀，出其
近作八十幅，展覽于中山堂和平室，因與申叔相知有
素，特舉所知，以為介紹。

一、十四日下午四時，至社會服務處出席救濟安徽流落
　　香港難胞會議，推我主席。擬先募急振一萬元，當
　　場由出席人員寫七千餘元，下餘三千元由其他同鄉
　　勸募。此一萬元，請大陸救災總會匯香港。

一、鈕惕生（永建）于十五日午後過訪，談八十八歲
　　黨國元老吳稚暉老先生病況。過去曾與稚老相約一
　　同去美國，並由稚老向蔣總統談過，希望余再向蔣
　　說話。余答曰：（1）稚老有病在身，不能長途飛
　　行，萬一途中支持不下，我們都有責任；（2）稚
　　老果真赴美，既要我說話，必須向我作簡單表示，
　　方可考慮說話；（3）以當前稚老病況以及一般環
　　境，恐難成為出國事實。

一、十六日上午十時，再到台灣大學醫學院看稚老病。
　　他不思飲食，小便難通，惟精神甚佳，與余見面非
　　常歡喜。

一、十八日接馴叔八日來函，云林少宮已得博士學位，
　　現正擬在美國教育方面謀工作。少宮讀書既已告一
　　段落，聞聽之下，十分歡喜。

一、廿二日中午，蔣總裁約評議委員談話，並午飯。
　　先由張秘書長報告召開第七次代表大會每次小組會
　　議的情形後，總裁詢問各人意見，特別詢問我的意
　　見。余曰曾向總裁建議，本黨應由少壯同志負責，

其他一般同志應使其有希望而不失望。至于此次大會政策，應該檢討過去錯誤，我們因為在大陸有錯誤，所以大陸失敗，能以檢討錯誤，一定成功的。

一、廿七日，申叔出國正在辦理兵役出境，忽又發生問題，就是本年高中畢業學生出國，須受軍訓四個月，申叔受此影響。余老矣，出生入死革命四十有八年，辦理一個廿一歲病兒子讀書，如此麻煩，使我大為寒心。

一、廿八日約吳南山談話，請他調查軍訓。我甚願申叔接受軍訓，其如身體不能接受何。我決定一個原則，如檢查體格能受訓則受訓，不能受免則免訓。如免訓准出國固好，否則只好聽其自然耳。

8 月 29 日　星期五

下午五時，至總統府秘書長會客室出席黨部小組會議。以現在失學青年太多，決議向中央建議設法補救。

8 月 30 日　星期六

馬全義、袁耀庭來訪，他二人都西北回教，談談西北過去失敗情形。晚間孫立人來訪，談他辦事困難，消極積極都感困難。我勸他向大處看，多加忍耐。申叔決定接受軍訓，一俟奉到通知，即行報到。如往鳳山軍校，擬由南山陪同前往。

8 月 31 日　星期日

鑄秋上午來談，擬任第七次代表大會代表。晚間張

秘書長曉峯來寓，余與之談此事，請轉達總裁。張云總
裁曾屬意于劉真，但劉是立委，恐難成為事實。余曰鑄
秋與劉均與余關係甚深，他二人任何一人都是很好的，
請以此意轉總裁。

9月1日　星期一

申叔擬本星期三（三號）夜車赴鳳山。顧墨三午後來談吳筠華案，告以是社會問題，非吳氏宗族可以作主者。雖然如此，仍當從旁幫助。

9月2日　星期二

乘上午九時車回台中。杜清宇、劉慈侯由張載宇陪同，晚八時來見。杜、劉均是合肥人。杜清宇現任空軍第八氣體製造所所長，杜清宇是杜蔣青（淮川）之公子。蔣青曾任余學校教員，係留學日士官第一期畢業。

9月3日　星期三

庸叔考取台灣大學，考取工業專門學校，決進台大，余非常快慰。

9月4日　星期四

台北電話，申叔昨日在台北市受役男體格檢查，據說不能及格。今日夜車偕吳南山赴鳳山軍校，受出國留學軍事訓練。如體檢不及格，又將如何，政府朝令夕改，使人無所遵從。

9月5日　星期五

台北電話，申叔自開畫展後，已經疲勞不堪，未能休息，接連勞動。前日發寒熱，昨夜車赴鳳山，精神頗為不振。此種責任，應由何人負之。庸叔又考取師院備取生，照該院過去習慣，備取生可以入學的。

9月6日　星期六

現在世界大局之轉變，要看美國總統之選舉，與夫中共在莫斯科當前之會議。

9月7日　星期日

魏壽永晚間約便飯，有李慶麐（適生）、劉波鳴、黃金鰲及壽永中學時教員郭某等在座。台中防守司令劉安琪本午過訪。

9月8日　星期一

庸叔考台中農學院，亦經備取。至此總結考試，計考台灣大學化工系係額外錄取，師範學院、農學院都是備取，工業專門係正取，台南工學院未考取。如是考五個學校，取四個，可以差強人意。現在決定進台灣大學，惟望庸叔今後守校規，求上進。現在庸叔既考進台大，光叔直升高中，申叔開過畫展，在國畫中已有地位。過去對三個兒讀書等等非常煩神，今則如此圓滿解決，非常快慰。倘申叔再能完成赴法留學，豈不是錦上添花。今後余當以全副精神努力國事，幫助一般青年。更使得意者，女婿林少宮已得博士學位。

9月9日　星期二

連日拜訪此間友人施樸如、戢翼翹等。

9月10日　星期三

美國民主黨總統候選人史蒂文生表示，如果韓戰獲

得解決，根據先例，可能承認中共為事實上政府云云。史氏係代表民主黨重要之表示，亦就是迎合美國一般人民不願戰爭之心理。同時英國積極期望韓國停戰，而日本又積極想與大陸貿易，這都是影響台灣形勢。

9 月 11 日　星期四

申叔本月四日（星期四）從台北赴鳳山受訓，迄未來信。不知體格檢查結果如何，深以為念。

9 月 12 日　星期五

韓楚篪兄擬由台北遷居台中，昨日來台中覓屋，今來訪。此人性情和平，辦事周密。

9 月 13 日　星期六

【無記載】

9 月 14 日　星期日

中午台北電話，申叔昨晚回抵台北。據云經軍校檢查身體，須長期休養，該校正式呈復國防部，尚須相當時間。申叔身體既不合格軍訓，能否出國，自在未定之間，亦祇有順應自然而已矣。

9 月 15 日　星期一

台灣大學通知庸叔，十六日開始檢查身體，故庸叔于今晨七時五十分車往台北。

9月16日　星期二

論團結

團結首先一個條件，必定要有誠意，而後必定要有辦法。辦法必定要大家商量，商量必定要有決定，決定必定要大家共同實行。

9月17日　星期三

在本月十五日，俄外長維辛斯基與偽總理周恩來代表史、毛交換文件中，蘇俄同意在今年十二底以前，把東北中長鐵路管理權交還中共，同時中共同意與蘇俄共同使用旅順口海軍基地的期限，延長到中共與日本，及蘇俄與日本間的和約獲致締結之時止。這顯然對日本新威脅，亦是蘇俄對中共繼續控制。今後冷戰中心移往日本，而日本一般人心，尚未能忘記第二次大戰最後原子彈之恐怖，總想離開第三次大戰之漩渦，最理想得到中立，在第三次大戰中討便宜。美國對日本之目的，只要他能以守禦三島為美國太平洋防線之一環，不為他人所有，至日本用何種方法守日本，則美國在所不計也。我們中華民國在當前形勢，和、拖都是與我們不利的。

9月18日　星期四

我保存有四、五十年間的家人及親友照片一箱，經過多次戰事，搬來搬去，均未遺失，搬到台灣，仍屬完整。不料今年梅雨時期，未曾注意，昨日忽發現霉濕，已為白蟻蛀壞，不可收拾，殊為可惜。但以佛家所謂「無物不滅」之觀念，則又有何可惜。其中有余到西藏

將近百張小照片，因包裹較密，尚未蟻蛀，然已霉濕不堪。須知台灣雨多濕重，保存物件稍一不慎，必定霉濕。至與孫總理及蔣總裁等所攝之照片，未在此箱，今後更當注意保存。

9 月 19 日　星期五

蔣老太太昨年移台北居住，因太煩擾，前日來台中休息，今日午後來余家。他認為台中清靜，氣候溫和，我勸他最好久住台中。

9 月 20 日　星期六

今日係陰曆八月初二日，是麗安四十七歲生日。午後偕他外出散步，惟天氣很熱。台北來電話，庸叔已經台灣大學照 X 光，肺部健全。

9 月 21 日至 22 日　星期日至一

【無記載】

9 月 23 日　星期二

近二日腰痛，或係秋分節之原故。最近三星期中，請鄰居醫生李攀五先生打 B 十二針，其精神與食量都有進步。

9 月 24 日　星期三

美國民主黨候選總統于旅行中競選演說，責現政府（民主黨）外交政策謂：「美國存心遷就共黨，喪失中

國，同盟國對亞洲迄今無一致政策。」這說是對的。

9月25日　星期四

　　庸叔赴台灣大學體格檢查及格，本夜回台中，下月初旬報到，中旬上課。並承劉抱誠作入校保人，感甚。

9月26日　星期五

　　倘遇事專著重歷史，離開現實，不能有結果的，必須歷史與現實作相互成分之配合，纔可成功的。現在滾滾諸公辦事，大多偏重一面，所以弄到天下滔滔，更說不上瞻望將來。

9月27日　星期六

　　庸叔喜漂亮，好奢侈，當此時代，何能如此。我說話，他不聽，因此我對他的前途悲觀。我本晚教訓他，弄到我睡眠不安。

9月28日　星期日

　　今日係至聖先師孔子二千五百〇三年誕辰紀念，中央及台灣各地都熱烈舉行紀念典禮，宣傳尊孔。早要如此，何致黨國鬧到如此地步。

9月29日　星期一

　　凡做人、做事，離不開情、理、法三個根本原則，須認清何者重在情、何者重在理、何者重在法。果能將情、理、法相互運用適宜，不但做人、做事立于不敗之

地，而且最後必定成功。尤以處家庭之間，當然以感情為重，倘離開理智說感情，必定遺誤子孫。為人父母者，不可不警覺也。（這是因麗安逆愛兒子，所以寫此段。）

9 月 30 日　星期二

陳式銳偕林頎（號碩卿）、曾明中（號澄如）上午十時來訪。他們三人都是閩南人，式銳係由台北來台中調查青果事業，林頎係在台中市警察局內任刑警隊長，曾明中現在中央改造委員會第六組服務。

10月1日　星期三

中日戰後首任駐華大使芳澤謙吉本日抵台北履新，係日本老外交家，現年七十八歲，亦可說是日本職業外交家。

10月2日　星期四

本晚偕麗安、庸叔散步賞月，天朗清氣，使人心中無限快慰，並買月餅等。

10月3日　星期五　中秋節

施樸如、劉逸奇、張載宇來拜節。

10月4日　星期六

乘中午車，于午後五時抵台北。駐韓國大使王東原回京述職，並出席第七次代表大會，于本晚來晤。談及韓國戰事，雙方勢均力敵，無法解決，至韓國政治，遠不如台灣政治。

10月5日　星期日

美蘇外交關係臨低潮，俄國要求美國即調回肯南大使，指肯南不受歡迎人物。美國務院艾奇遜不接受俄指控，美官方憤俄無理。俄為何反對南肯，因九月間南肯過柏林，發表談話：「西方外交家在莫斯科完全處于孤立冰冷狀態，此種情形，令人回憶及一九四一一四二年在納粹德國被囚禁時的情形。」午後六時訪許靜老，為其補祝八十歲生日。據許云此次過壽，各方送禮款十三

萬餘元，除開支外，尚有十萬零九百元存在銀行。余答
曰這都是作老人家平時為人作事之結果。

10 月 6 日　星期一

上午出外訪友，倪超凡留我午飯。洪蘭友新由港回
來，據云此次奉命赴港，係疏通在港諸同志。他們對于
此次召開第七次代表大會，未經過第六屆中央執監委員
全體會議，有違黨章，但在代表大會開會時，不致有何
表示，在大會以後，難免發生問題。沈維經兄過訪，他
新由香港來，擬在台北任某紗場經理。沈是隨陳光甫兄
辦事多年，我前在陳家與之見面。

10 月 7 日　星期二

上午到台大醫學院看吳稚老病，已能起坐，較前大
有進步。以八十八歲老人，經此大病數月之久，能以轉
危為安，誠不幸中之大幸也。庸叔本日由台中來台北，
明日到台灣大學註冊。

10 月 8 日　星期三

惟仁老太太六十九生日（陰八月二十日），申叔、
庸叔陪他遊覽碧潭等處。他現在身體都較前、昨兩年好
多了，今日他心中較為愉快，但遊罷歸來，身體甚為吃
力。美國空軍助理部長希爾六日宣稱：「美國空軍現
在能擲下一枚炸彈，其爆炸力等于第二次世界大戰中擲
下所有炸彈總和。」希爾認未來戰爭原子力量具有決定
性。這個宣稱是將來人類大浩劫，實在令人可怕。

10月9日　星期四

　　蔣總裁約評議委員、改造委員，及改委會各組正副組長談話，並午飯。因明日舉行七全大會，改委會責任終了，今日之約係結束評議、改造兩委員。席間總裁致詞後，照相以留紀念。

10月10日　星期五

　　今日係四十一年國慶日。晨六時起身，七時十五分偕寄嶠去陽明山（即草山），八時到陽明山莊，參加本黨第七次全國代表大會閉幕典禮。蔣總裁親臨主持，宣佈大會意義，指出大會四項任務：「尋求救國救民之方向、研究敵情克制奸匪、消弭世界大戰浩劫、製定反攻大陸方案」。說明兩年來改造之經過，與夫集中全體意志為本黨革命建立正確的方針等等，歷時廿六分鐘，至八時半禮成。此次出席計有海內外選代表一百七十五人（總代表二百人），其他第六屆中央執監委員、中央改造委員，來賓共五百餘人。九時十五分參加總統府四十一年度國慶紀念典禮，總統親臨主持，宣讀告全國同胞書，歷時三十分鐘，典禮完成。十時參加國慶閱兵典禮，光天化日，秋高氣爽。總統于禮砲廿一響聲中登閱台，先校閱軍隊，歷一小時後，舉行分列式，至十二時五十分閱兵完成。所有參加閱兵軍隊，武裝整齊，精神健旺，都較去年雙十節更有進步。

10月11日　星期六

　　內政部警察署長唐縱（乃健）上午過談現在各方

情況。他于上月赴香港，與在港同志交換意見，未得
要領。

10 月 12 日　星期日
上午故友李運啟家訪問其夫人。訪畫家張穀年兄，
並參觀他最近作品，其中清秀者甚多。又訪顧墨三兄。

10 月 13 日　星期一
本日上午九時，七全會在陽明山舉行總理紀念週，
余準時前往參加。蔣總裁親臨主持，並作政治報告，歷
三小時。對過去在大陸失敗原因詳細檢討，指示今後革
命努力方向，並宣讀親著「黨員宣誓之意義」。申叔今
晨赴台中，為蔣老太太祝壽。蔣老太太係陰曆八月廿五
日（本日）生日，現六十三歲。庸叔今日開始赴台灣大
學上課。

10 月 14 日　星期二
偕彭醇士于午後七時訪許靜仁老先生。因蔣總統十
月卅一日六十晉六生日，申叔擬送祝壽山水一幅，請靜
老題字。

10 月 15 日　星期三
上午九時倪超凡介紹孫沂方到余家見面，看看申叔
作品，未及談話。午後因合肥同鄉會，特與金幼洲見
面，切實表示不要選余為理事長。金主張將來余任名譽
理事長。

10月16日　星期四

上午參觀中日貿易本國商品展覽會的預展會，總計展出台灣部分廠商八十八單位貨品將千種。這次赴日本展覽，固屬有關兩國貿易，而于兩國互助親善之精神關係更大。到中山堂參觀僑情展覽會，內多歷來各地華僑參加革命史料，乃祖國之光。

10月17日　星期五

安徽同鄉許曉初（壽縣人）太夫人逝世（七十九歲），余往弔。上午十一時李石曾先生過訪，談談國內外形勢。余介紹申叔繪畫，並告申叔將赴法國習美術，託李關照。李曰他往來于法國與南美之間，法國當歐州軍事衝要，隨時發生變化，暫住則可，亦可到南美阿根廷，與張大千共同研究作畫。其結論，先往法國，酌奪情形，再往南美，更為妥當。

10月18日　星期六

上午九時參加第十次大會。秘書長張其昀報告主席團提案，依照黨章規定，應選舉總裁，呈請王寵惠同志說明提案旨趣，敬請大會公決。當由王寵惠說明主席團提案經過，一時掌四起，一致表示贊同。全體出席代表、列席的第六屆中央委員、評議委員、改造委員，當即一致起立熱烈鼓掌，高呼口號，會場情形熱列高昂。按民國二十六年「七七事變」發生，國民黨領導全民抗戰。二十七年三月在漢口召開臨時全國代表大會，會中通過抗戰建國綱領，修改國民黨總章，設總裁一職，依

照黨章規定，行使總理職權，並公推蔣介石擔任總裁，為全黨最高領袖，以迄于今。本日午後四時，王東原兄女公子心明小姐，與林國璋君在雙連禮拜堂舉行結婚典禮，余偕昆田親前道賀。聞林君習電氣工程，王小姐習化學。

10 月 19 日　星期日

上午九時參加第十二次大會，蔣總裁主持，並依照黨章規定，提出中央評議委員人選，大會一致通過。其名單如下：吳敬恆、于右任、鈕永建、丁惟汾、王寵惠、鄒魯、閻錫山、吳忠信、李煜瀛、李文範、張羣、吳鐵臣、何應欽、鄧家彥、陳濟棠、朱家驊、馬超俊、張厲生、王世杰、何成濬、賈景德、時子周、章嘉、蔣宋美齡、雲竹亭、載愧生、蔣夢麟、徐永昌、薛岳、胡宗南、黃杰、狄膺、羅奇、張默君、錢公來、鄺瑤普、桂永清、萬耀煌、堯樂博士、俞飛鵬、洪蘭友、謝冠生、葉公超、嚴家淦、田錦炯、田崑山、蕭吉珊、王宗山等四十八人。午後四時到社會服務處出席合肥同鄉會，計到同鄉約三百人，推舉金幼洲等為理事，余與郭寄嶠任正副名譽理事長。其理事名單：金維繫、劉和鼎、周昆田、羅剛、魏壽永、王秀春、陳俊之、王秉鈞、宣善嶼、丁惠民、周君器、陳運生、宋子英、劉慶處、馮慰農、韋樹屏、吳君友、李國彝、戴樹仁、劉慶康、俞潤泉等廿一人為理事。虞克裕、蔣公達、段品莊、郭子洵、曹頌楚、沈家哲、吳立生、李家衷、楊道淮為候補理事。選舉沈氣含、鄭西平、張素、史文桂、

丁鏡人、李君皖、武漢為監事。羅慶林、劉樹人、盛發緒為候補監事。並擬選金維繫為理事長。

10月20日　星期一

上午九時參加第七次全國代表大會，先討論大會宣言。至十一時舉行閉幕式，蔣總裁親臨主持。首由大會秘書長張其昀報告第七屆中央執行委員選舉結果（名單另記），續宣讀大會宣言，及通電慰勞前方將士、嘉慰海外僑胞、慰勉大陸同胞。宣讀完畢，蔣總裁訓話，對旅韓同胞備極關懷。閉幕式于十二時十分告成。七全大會既已閉幕，蔣總裁于廿日晚，在警務處禮堂邀集全體代表及列席委員聚餐，余準時前往參加。席間總裁致詞，對此次大會精誠團結，表示已有新的希望，引為欣慰，同時勗勉加倍努力，完成大會使命。

10月21日　星期二

上午九時到台北圓山劍潭新莊，參加創造歷史新頁全球性僑務會議。蔣總統親臨主持開幕典禮，盛況空前。

10月22日　星期三

故友羅偌子先生于民國廿一年二月，曾向余曰：「凡學佛，以及辦事，須有深心、忍心、直心、大悲心，方可成就一切。」

10 月 23 日　星期四

此次第七次全國代表大會,選舉中央委員的名單:

一、中央委員(三十二人)

　　陳誠、蔣經國、張其昀、周志柔、谷正綱、鄭彥
　　芬、吳國楨、陳雪屏、彭孟緝、郭寄嶠、孫立
　　人、沈昌煥、上官業佑、袁守謙、張道藩、王叔
　　銘、俞鴻鈞、倪文亞、陶希聖、唐縱、石覺、黃季
　　陸、黃朝琴、黃少谷、胡連、楊爾瑛、王星舟、吳
　　化鵬、陳逸雲、張子田、蔣賜福、梅友卓。

二、候補中央委員(十六人)

　　鄭介民、馬紀壯、黃鎮球、毛人鳳、陶一珊、谷
　　鳳翔、羅家倫、李彌、馬呈祥、劉聖斌、孫桂籍、
　　李永新、張希文、陳甘亨、林天祥、蔡功南。

以上四十八人委員中,年齡最長張子田六十三歲,最輕
吳化鵬(蒙古人),其他多在四十歲內外。

10 月 24 日　星期五

蔣總裁于今午十二時卅分,在台北賓館約中央新評
議委員第一次談話,並聚餐,余前往參加。席間由秘書
長張其昀報告第七次代表大會所選舉之中央執行委員,
于昨日開第一次全體會議經過情形,及總裁提出以陳
誠、張道藩、谷正綱、吳國楨、黃少谷、陳學屏、袁守
謙、陶希聖、蔣經國、倪文亞等十同志為中央委員會常
務委員案,經全會通過。午後張秘書長過談,詢問余對
黨務之主張。答曰凡做大的事(政策),必定要從早決
定,不能臨時決定。而決定後,必須逐步推行,萬不可

中途改變，否則必一事無成。申叔今午後由台中回來。
此次在台中住十日作畫，廿餘幅都是新的作風，這是開
畫展後的一大進步。

10 月 25 日　星期六

今日為台灣第七屆光復節日。上午十時，本省警察
部隊及民防部隊在總統府廣場舉行校閱典禮，蔣總統親
臨校閱，余被邀前往參觀。計警察部隊五千二百四十一
人，民防部隊二萬五千九百餘人，各部隊服裝整齊，軍
容雄偉，內有婦女代表隊及山地青年自衛隊。經過閱兵
台前，贏得如雷鼓掌。校閱典禮至十二時卅分完畢，蔣
總統訓話勉勵大家說：「台灣的光復，是大陸同胞艱辛
八年抗戰和血汗換來的，台灣同胞今天要來回頭大陸，
竭盡救國天職云云。」本月卅一日蔣總統六十晉六誕
辰，由申叔繪山川永壽圖為蔣祝壽，並由八十老人許靜
仁先生（世英）題字，另附申叔作品照片十五幀，于本
日午後託總統府機要室副主任陳宗熙代為轉呈。申叔這
橫幅山水畫係上次展覽時非賣品，亦是山水中最有工
力，而佈局設色尤為完美，在展覽會中頗得一般人之
稱許。

10 月 26 日　星期日

回看鈕永建老先生及朱佛定諸兄。一個人能知進知
退、知存知亡，而又磊落光明，纔是一個政治家。現在
的人知進不知退、知存不知亡，所以一天到晚奔走不
定，最後必定失敗。

10 月 27 日　星期一

出國留學生須受軍訓，申叔遵令前往鳳山軍校報到。經體格檢查未能接受訓軍，該校呈復國防部，免于軍訓（申叔尚未奉到學校來文）。頃據國部長本晚來云，教育部與國防部等小組會議，決定免訓學生倘有肺疾等傳染一類病，一律不准出國。如此申叔大大失望。申叔出國履受阻礙，豈真天命使然耶。

10 月 28 日　星期二

上海有名聞人杜月笙兄前在香港病故，昨日運靈抵台北。余于午後四時往極樂殯館弔唁，以敬友誼。午後偕申叔訪李石曾夫婦。李亦係研究國畫，與申叔大談繪畫事宜。

10 月 29 日　星期三

今日午後晤前新疆警務處長胡國振。余主政新疆，胡任處長，深資得力，俟又任台灣警務處長。晚間胡建中來訪，他前任改造委員，此次新中央委員未能選出，他並不介意。胡是有學術能力的人。

10 月 30 日　星期四

分訪徐次辰等。擬日間回台中休息。

10 月 31 日　星期五

蔣總裁今日六秩晉六華誕，循依往例，于上午九時到中央黨部簽名祝壽後，再到總統府簽名，並到蔣老太

太家慶賀。老太太對于兒媳緯國夫婦表示不滿，我勸他
一切看開，並講念佛道理。

11 月 1 日　星期六

今晨偕伯雄至新公園參觀菊花展覽，異種奇花約五十餘。回想吾人于民十五先後在蘇州，與至友吳伯穀、曾影毫、羅偌子諸兄亦大種菊花，其色采種類超過此展覽之菊花。撫今思夕，感慨繫之。至中山堂參觀國軍反共展覽之書畫，內中各種書畫一千二百餘幅，充分表現反攻大陸之精神。

11 月 2 日　星期日

乘上午九時車回台中。今日天氣溫和，氣高氣爽，乃台灣少有之天時。

11 月 3 日　星期一

韓國戰事一面談和一面戰，經過很長時間，沒有結果。美國人畏戰，亟希望和談成功，減少死傷。現正美國競選總統，兩黨都以結束韓戰為宣傳唯一資料。當前和談之爭執是俘虜問題，就是被俘官兵有願回去，有不願回去。美國本人道主義，採取志願遣俘，共黨堅持強迫遣俘。倘讓一步來說，就是違反人道強迫遣俘，韓戰還是不能解決。蓋共黨志在拖倒聯合國，所謂和談是一種策略。

11 月 4 日　星期二

今日再請李攀五開始打 B 十二針，預計每隔兩日打一針。

11月5日　星期三

申叔午後來台中，告以女婿林少宮來函，學業已滿，擬回國。余認為不妥，當即作函復之。

少宮、馴叔覽：

致申叔函已閱悉。兒等應仍住美國，少宮雖學業已完成，可以慢慢謀事，馴叔可以繼續讀書。此乃余考慮至再之結果也，並順問子美康健。

父手啟　十一月五日

陳式銳于本日（五）午後六時介紹菲律濱華僑戴祥妙來見。戴係原籍福建南安，現任納卯中華商會理事長，本黨納卯支部第六分部黨務委員，僑務會議菲律濱岷蘭佬區出席代表。戴祥妙能西班牙語、英語、菲土語、國語，身體強健，一望而知是一有作為人才。

11月6日　星期四

美國本屆（卅四）總統、副總統之選舉，共和黨勝利，艾森豪、尼克森二人當選。民主黨史蒂文生競選之失敗，因該黨政府受人民嚴重指責，對韓戰處理之失當，以及促使中國大陸與夫東歐淪入共黨手中之外交失敗。並以民主黨執政廿年，腐敗貪汙時有所聞，現在乃是改變時候了。此次美國選舉，很多民主黨以國家為重，投艾森豪票，可見人民智識高、認識清、有是非、真民主，堪為世界民主表率。艾森豪競選宣傳主張「撤出韓境美軍，訓練更多韓國軍隊擔任防務，以亞洲人對抗亞洲共黨，解放蘇俄附庸國家，並削減對自由世界的軍援。」預料美國外交必將有一番調整，尤其是遠東方

面的外交政策。

11 月 7 日　星期五

日首相吉田說新政府將加強經濟力量，又說安定國內經濟是建立國防必要。這個主張是很準確的，我們國策應當首先注重經濟。我們在大陸失敗，固屬軍事、政治都有關係，其最大原因是經濟的失敗。

11 月 8 日　星期六

社會俗語謂「男是冤家女是債，沒有男女活仙人」。一個人有好男女乃是幸福，有不好男女不如沒有好。現在社會改變，為人父母者真正不易。

11 月 9 日　星期日

此間寓所現在沒有男女用人，今日光叔赤足在家洗地板。這是兒女中第一個勞動者，我十分快慰，大加勉勵。

11 月 10 日　星期一

今日與李慶麐、杭立武分別會面，交換國際意見。他們都是英美留學生。據云美國共和黨艾生豪當選總統，對美國外交不致大變，處理韓戰，可能影響中國。

11 月 11 日　星期二

中區防守副司令施中誠陪余到后里，參觀劉司令安琪太夫人墳墓。上午八時乘吉普車前往，經豐原（台中

縣），于九時抵墓地（約行五十華里），當即向太夫人
墓敬禮。其墓地可以避風避水，來氣雄厚，水口灣曲，
十分妥當。于十一時半回抵寓所。今日光天化日，氣候
溫和，如同江南春三月。余在台中市三年有餘，此為第
二次出遊。庸叔因學校放假，本晚回抵台中。午後徐佛
觀君過談，他說最近在自由中國月刊，登載青年反共救
國團健全發展的商榷一文，批評救國團無法律根據，防
礙行政等等重大問題，該團大大不以為然。余曰以黨的
立場，此文似乎可以先與蔣總裁一閱。又勸徐，以你文
武兼資少壯人才而論，將來報效黨國機會很多，當前應
做一個「久」字功夫，則將來必大成功，萬萬不可性
急。徐深感我的意見，願接受。我平心而論，救國團對
此文應加以客觀的研究，如認為徐說是對的，即應予
以改善。徐氏在現狀下發此論文，其膽量之大，不可
多得。

11月12日　星期三

　　【前缺】委員，原函：「十一月六日中央常務委員
會第二次會議，總裁提出李文範、吳忠信、何成濬、陳
濟棠、錢公來、馬超俊、王子弦、謝冠生、林彬、洪蘭
友、張壽賢為中央委員會紀律委員會委員。除分函外，
特為錄案函達。」

11月13日　星期四

　　最近一週是台中最好氣候，使人身體舒適。查台灣
全省是有春天和暖，無冬天嚴寒，宜于年老居住，尤其

是台中市。人們對于台灣稱之為寶島，有對聯曰：

　　有四時不斷之花，人間仙境；

　　生八節永綠之樹，天地長春。

11 月 14 日　星期五

　　美國共和黨當選總統採較極積外交政策，代替民主黨消極外交政策。其反共戰略三要點如後：

一、以解放政策，代替阻遏政策。

二、以歐亞並重，代替重歐輕亞。

三、準備集中打擊，代替處處設防。

11 月 15 日　星期六

　　【前缺】屏東等七縣市，造成空前鉅災。死傷同胞近千人，房屋倒坍萬餘間，高雄面目全非，為五十年來所少有災禍。台北大雨，台中既無風亦無雨。

11 月 16 日　星期日

　　麗安偕庸叔乘上午八時車赴台北。庸叔假期已滿，回台大上學。

11 月 17 日　星期一

　　麗安中午回台中。晚間七時張司令載宇夫婦招待余與麗晚餐，在座有施副司令夫婦、尹總隊長學謙夫婦、許院長學純夫婦。又張司令已考取國防大學，六個月畢業，學習海、陸、空三軍聯合作戰。

11月18日　星期二

　　原子時代七年，氫彈時代開始。美國原子能委員會宣布，氫彈試驗獲耀煌成果，決繼續研究，用以保護自由世界，並利用其能力於人類生產目標。氫彈威力可以毀滅人類，未來戰爭，雙方將遭受可怕後果。

試驗氫彈目擊情形
中央社華盛頓十六日合眾電

　　據參加試驗氫彈爆炸的工作人員來信報告月來經過稱：氫彈之爆炸為歷史上摧毀力最大之人為爆炸。工作人員的信說：氫彈是在極嚴密保護下運至舊金山，然後再裝上海軍船隻，置於特別室內，外面的門曾經密封，聯邦調查局特務在艦上隨行保護，特種混合部隊各船隻均分佈於距島上爆炸中心約三十哩的地方。信中未言明陸上觀察者是否距爆炸中心比三十哩尤近，不過信中言明爆炸是於十一月一日上午七時十五分開始（當地時間）。爆炸時在船上的人們均穿著特製保護衣服，並於爆炸前十秒鐘奉令應面背著島而且閉緊眼睛，用手臂遮住面孔。爆炸時雖然每人都閉緊雙眼和遮住面孔；但仍感到爆炸的閃光比陽光強過十倍。十秒鐘後，船上的人可以面向爆炸中心，這時但見一道火柱寬約二哩，衝入空中，高達五哩，歷時約七秒鐘，然後但見無數千噸的泥土被炸入空中，廿秒鐘後開始冒煙。

11月19日　星期三

　　台北昨日電話，馴叔來電，他們決仍住美國。同時

接到少宮、馴叔十一月十日來函：「少宮在城內一家小公司做工，每周工作三十小時，馴叔在學校工作二十小時。兩人工作時間錯開，因此有一人在家照料子美。」聞之非常歡喜。函中又云：「少宮仍在覓求適當職業，志在教書或研究工作，此種機會必仍等候一個時期，下學期開學前或可覓定。」

11 月 20 日　星期四

此次台南大風災，同時台北大雨。台中日暖風和，如同江南春秋佳日，是最理想住宅區域。

11 月 21 日　星期五

彭醇士兄擅長詩、書、畫，絕對文人，也是現階段不可多得之文人，三者之中以詩為最佳。與余感情甚厚，不過無機會在政治上為之幫忙。他有肺疾，有少年夫人，真是美中不足。余近日請他題龍珠感舊圖，迅速完成，非常精緻。本市省立第二中學校長羅人杰先生本日午後過訪，他想請我到學校演講。告以到台三年，各方請演講都未接受，故不能對二中開此例，請原諒。光叔即在此校讀書。

11 月 22 日　星期六

大名鼎鼎胡適博士日前由美國返抵台北，發表談話，其中有：「今日世界只有兩勢力，一是共產主義惡勢力，另一是反共產主義的民主自由力量，尼赫魯所做第三勢力幻夢，不久就破滅的。」這樣見解我是贊成

的。對于如何團結海內外各種反共力量，胡說：「主張
自由中國的政府和人民，應採取一種既往不咎的精神，
歡迎一切反共人士回國參加反共抗俄戰線。」這件事在
原則上我贊成的，但過去國民黨在大陸結束一黨專政，
容納各種民主人士，實行憲政，其結果民主人士一方面
與政府搗亂，一方面替共產黨做工作。因此大陸失敗，
國民黨固應負其責，民主人士亦不能辭其咎，且大部份
民主人士已與共黨靠攏了，我最怕再步大陸的覆轍。對
于今後應付時局，胡說：「算盤要打最壞算盤，努力應
作最大努力。」這樣主張是對的。對于自由民主與共產
主義總決戰時期，胡說：「遠在天邊，近在眼前。」又
說：「踏破鐵鞋無覓處，得來全不費功夫。」這樣說法
太巧妙了。

11月23日　星期日

　　美國參議員脫虎脫說明共和黨艾森豪全面勝利的原
因，新聞一則黏于後。

韓戰助成艾帥的勝利

　　艾帥何以勝利？史蒂文生何以失敗？政治科學家今
後必將各是其所是，提出種種不同的解釋，但韓戰對大
選的影響，卻應是無可爭辯的一點。參議員塔虎脫，日
昨說明共和黨全面勝利的原因時，曾謂此乃政治的潮
流，望變的人心，惟其政治潮流如此激變，人心望變如
此急切，韓戰則是一個重要的因素。近十三萬美軍的戰
鬥傷亡，助成了艾帥的勝利，此為顯而易見的政治事

實。在美國的歷史上，除了絕少的例外，戰爭總是不利在朝黨，大選在戰爭的期中舉行，失敗總是在朝黨。何況民主黨的政府，對于韓戰的舉措，舉棋不定，大失選民的信心，因而註定其失敗的命運。

11 月 24 日　星期一

美國對于韓國戰事，戰既不能，和又不可，當此進步維谷之際，艾森豪當選總統後的新戰略可能還是一個拖字。據說擴大美國海空軍，加強訓練南韓部隊，武裝日本，軍援中國大陸游擊隊。總之美國人不願流血。

11 月 25 日　星期二

彰化縣長陳錫卿過訪。我問他台灣一般政治內情如何。他說都有進步，人民生活水準亦比日制時代好多了。不過黨的下層幹部程度太低，而特務下層工作人員亦是太低，未免招謠。因此這兩種人使老百姓恐懼與不相信，應該予以糾正。

11 月 26 日　星期三

孫鏡亞兄上午過訪。他批評胡適博士：「一、胡大約在民國十一年見宣統，仍稱其為皇帝，太失體統了；二、大約民國十一年，蔡元培領銜通電，主張南北兩總統同時下野，據說這是胡的主張，未免太不認識孫總理了；三、大家說白話文，胡是創造人，太笑話了，中國小說很多是白話文，亦是很早就是白話文。並說胡適是徒負虛名，投機份子。」以胡氏在海內外久負大名，尚

有如此批評，成一個大人物，豈偶然哉。

11 月 27 日　星期四

中區補給司令張載宇晚間來訪。據說他已考取國防大學，擬日內報到入校，六個月畢業，在入學期間保留原職。張方三十九歲，已補少將官職，其身體強健，頭腦清楚，處事接物既和平且周到，確係有為少壯人才，確係後起之秀，亦吾合肥人中後起之秀。余對載宇很多勉勵，期望學業進步。

11 月 28 日　星期五

上午偕李先良到陳中立家訪問。中立軍校第八期，浙江東陽人，一向隨總裁服務，現在軍官團任大隊長。此人很爽直，很熱心，他前日到我家來訪問。

11 月 29 日　星期六

黨史會總務處長李治中（心一）偕該會事務科羅本初來訪。據治中云，他已調為採訪，不任處長，李對主任委員羅家倫頗為不滿。余勸李忍耐，暫維生活，一切以返回大陸為最高目標。

11 月 30 日　星期日

胡適在自由中國雜誌演講，很可影響社會人心，更可得美人同情，國民黨又要居被動地位跟後邊跑。原講黏于後。

「自由中國」雜誌茶會席上

胡適博士發表演說

中央社訊

胡適博士廿八日於「自由中國」雜誌三週年紀念茶會中發表演說，強調文化界人士應爭取言論自由。他說：「民主社會中最重要的一件事，就是言論自由。單單在憲法上有保障言論自由的規定是不夠的，我們還須努力去爭取。如果我們不去爭取言論自由，縱使憲法賦予我們這種權利，我們也是不一定會得到的。」

胡適是「自由中國」半月刊的發行人，他指出「自由中國」雜誌在過去三年中，已在實行爭取言論自由這件事上有所努力。他說：「我們必須使爭取言論自由這件事，逐漸養成為習慣，形成一種風氣，同時使社會人士逐漸習慣於善意的批評和勸告，也使行政當局習慣於接受和容忍批評。我們要自動的去爭取言論自由，批評政府督促政府，養成一種風氣。」他說：「一切習慣都是慢慢養成的，在最初的時候，也許不無阻梗，但久了就習慣成自然，我們要使政府養成一種接受批評的風度，接受人民諍諫的習慣，使民主自由的精神得以澈底發揚。」

胡適說：「我們國家的前途，並無可以悲觀之處，我們的命運是繫於自由世界的命運之上，自由世界有前途，我們的國家也必是有前途的。但我們決不能因為目前的情況而趨向苟安，而鬆懈我們的奮鬥意志，相反的我們在這有利的時機，更要努力，使我們有資格夠得上成為自由世界的一份子。」他說：「我們不宜效法共

　　產黨的那套方法，對於某些行為認為必須予以制裁時，也宜不離開民主自由的精神為妥。我們在民主自由方面的努力增加一分，我們在自由世界中的地位即可增高一分，我們必須發揮民主自由的精神，養成民主自由的習慣，纔能在自由世界中增高地位。自由中國近三年來在各方面的努力和進步，是有目共見的。目前應該不分朝野，培養合法的反對，合法的批評，使得言論自由，在輿論中和民意機構中表現出來。使得我們國家在自由世界中佔一地位，而無所慚愧。」胡適說他在海外看到一家華僑報紙曾有一段記載說，中國的言論自由，只有胡適之纔能享受。他說：「我看了這段話非常感慨，如果自由中國只有胡適之可以有言論自由的話，那太不好了，我希望所有的人都有言論自由，都隨時隨地去爭取言論自由。」

12 月 1 日　星期一

　　國民大會河南代表陳泮嶺（峻峯）來訪。據云河南在台灣沒有重心人物，所有河南幹部都淪陷在大陸。在抗日、剿匪兩役，河南人犧牲最大。此次第七次代表大會，河南人沒有當選中央委員與評議委員。

12 月 2 日　星期二

　　馴叔十一月二十四日來函，決定住美國，又說經醫生檢查，據稱當于明年五月底臨盆。聞之甚歡喜，但在美國一切必須自理，不免辛苦。

12 月 3 日　星期三

　　氣候於昨晚轉變，今日突然寒冷，可穿冬衣。變動未免太快了，稍有大意，易生疾病。西北寒流侵襲，昨日（二）台中氣溫于午後降低至華氏六十八度，今日（三）更甚，全日最低者為上午六時華氏五十三度，此次冷度為立冬以來本市第一次。中共突宣佈願將三萬日本俘虜遣回日本。這是對日本示惠，希望日本脫離民主陣線，並加強日共實力種種陰謀。是否真正遣俘，還是宣傳作用。

12 月 4 日　星期四

代擬申叔致少宮、馴叔函稿

少宮兄、馴叔姐如晤：

　　十一月十、十四、廿四日上父母親大人函，以及來電，均經收閱，上阿姨大人函亦經轉呈。兄等仍住美

國，父母親及阿姨等非常歡喜。少宮暫在城內小公司工
作，將來仍擬在教書與研究方面謀工作，姐姐在學校作
工，將來俟孩較大，再繼續讀書。你們這樣上進與吃辛
苦，弟等非常慚愧，非常敬佩。父親說：「姐姐明年五
月底又要臨盆，家中又有子美要人照料，是否身體可以
來得及，是否家中可以分身，甚為掛念。囑轉告你們
順應自然，不必勉強，要以身體健康為唯一最高之原
則。」家中一切平安，深感曾伯老之幫助。庸、光兩
弟讀書均知用功，弟仍在繪畫方面求進步。知念，統此
奉聞。

弟申叔拜上

12月5日　星期五

回憶民國四年十二月五日，上海肇和兵艦起義，陳
英士先生任司令，余任參謀長，雖然未能成功，影響很
大。我們犧牲同志不在少數，後來國民政府以十二月五
日為紀日，今則無此紀念矣，可嘆。

12月6日　星期六

美國總統當選人艾森豪為競選總統時對人民之諾
言，已密赴韓國實地考察。據艾氏說，他相信美國對韓
國之援助應該增加，但他也相信戰爭勿讓他擴大，他並
未得到萬應靈藥，沒有解決任何問題之捷徑。照艾氏所
說，韓戰目前還是要拖，是否艾氏有新的計劃，待他明
年一月二十日就總統後，再拿出來，希望艾氏如此。

12 月 7 日　星期日

　　台中國民大會聯誼會，因胡適之先生將于十日來台中，國大聯誼會（胡亦是國大代）擬開歡迎會。聯誼會特推趙士英、戴樹仁二女代表與我相見，擬推我于歡迎會時擔任主席，余當即允諾。

12 月 8 日　星期一

　　上週自西北的寒流剛過去，另一新的寒流又再流入本島。此新寒來自東北方向者，氣候因極惡劣。

12 月 9 日　星期二

　　氣候忽又轉寒，余稍未注意，今日小有傷風，身體頗為不適。

12 月 10 日　星期三

台中歡迎胡適情形

　　胡適（適之）應台中市各界之邀請演講，于本日中午十二時五十分快車抵台中。各機關社團首長、國大代表、立、監委員及各校學生代表人等數千人熱烈歡迎，盛況空前，余亦參加歡迎。午後五時胡先生訪問余宅，同來訪問者有台灣大學校長錢思亮、歷史語言研究所長董作賓、省府教育廳長陳雪屏、中央文物管理處理事長杭立武等，計談二十多分鐘。胡氏對李德鄰行為不以為然，並表示在美國很久不與李德鄰見面。胡又說與我分別係在民國三十八年一月二十五夜車，同我們家眷一同去上海，那時車站紛亂情形，其記憶力之強，于斯

可見。查余當時記載大概是這樣的，自徐州戰事不利，人心恐惶之際，三數月來，旅南京人士紛紛撤退，至卅八年一月下旬，形勢更緊。余于一月廿四日晚訪胡先生（尚有一位梅琦琪先生），約定廿五日夜車一同赴滬（那天陰曆十二月廿七日）。不料廿五日晚車站待車人士擁濟不堪，行李堆集如山，車站秩序大亂。向例夜車十一時半開行，延誤至深夜二時始開行，原來夜車次日（廿六）晨七時十五分到上海，竟遲至下午三時到上海。我家此次赴滬有余與麗安及庸、光兩兒。又兆麟夫婦及女公子與我們同車，至蘇州下車。從此以後中華民國入于總崩潰的階段。

12月11日　星期四

台中國民大會聯誼會及全體同仁一百二十餘人，本日清晨八時假台中市府大禮堂舉行早餐會，招待胡適（適之）博士。胡亦是國大代表。同人推余為餐會主席，即由余與國大代表林一民（農學院長）親到鐵路飯店歡迎胡氏入場，由余簡單致詞。因胡氏九時需要到水源地球場公開台中首次演講，所以祇能簡短談話。至八時四十五分盡歡而散。黨史編纂委員會羅主任委員家倫于本日晚八時過訪，暢談邊疆諸事宜。余介紹申叔繪畫經過，羅閱申叔四幅山水畫稿，非常稱許。計談二小時，至十時方散。

12月12日　星期五

近日傷風，昨夜咳嗽不止，今日頗為疲困，請李攀

五醫生診治。年老的人就是小傷風，亦要拖時日。

12月13日　星期六

昨夜咳嗽更甚，精神不振。體溫卅七度七，余平時體溫在卅六零為最正常。脈八十跳，余平時脈為六十五跳為最正常。

12月14日　星期日

昨夜咳嗽仍是不止，惟痰甚多，今日全日臥床休息。徐學純上午來診斷，據云不要緊。又量血壓高一百十度，低七十度。

記李適生兄致伊州大學加士函

李慶麞兄（號適生，和縣人）二十年前在美國伊利諾大學得農業經濟博士學位，是余台中鄰居，交誼甚篤。李為少宮婿幫忙在美國謀工作起見，特致函與其二十年前老師，伊州大學老師農業經濟系主任加士（現在還是系主任），介紹少宮前往見面，託其在少宮謀事時代為幫忙。另一函致其老師司徒華教授夫婦，介紹少宮、馴叔前往會晤。李氏在美國讀書，曾在司徒華夫婦家住過三年。據李氏云，司徒華夫人甚為賢慧，馴叔在美如得美國主婦與之來往，很有幫助。此二介紹函已寄台北，由申叔轉寄少宮、馴叔矣。

12月15日　星期一

熱度已退，但咳未愈，痰仍多。

批評張載宇

徐學純今日（十五）來看余病，我順便批評張載宇，能忍耐、不欺人、打得開，有此三優點，則前途不可限量。以張卅九歲已有現在地位，尤其是由潮陽學院畢業後轉入陸軍，就是文武合一，亦是少有的。

我當面對學純批評「謹慎」，他說很對，並說對張批評非常切當。

12 月 16 日　星期二

我國聯合國代表蔣廷黻電中國聯合國同志會年會中有：「國際上有不少人士至今不認識蘇俄帝國主義陰謀，還有這人雖然知道卻故意逃避。遠見人本不多，既無遠見，而又讓自私自利心思蒙蔽自己，這樣一來天下大變更難為力了。」確是如此。

12 月 17 日　星期三

熱度全退清，上午八時三十六度五，下午四時三十六度半。這是我通常標準溫度，但咳嗽尚未根除。

12 月 18 日　星期四

杭立武兄來云，日前（本月十三）蔣總統與胡適博士在日月潭談話，未得結果，殊為可惜。我們希望一個英雄、一個學者，二人合作，則于中國前途獲益良多。緯國世兄晚間來談，將往美國考查軍事，行期大約在明年一、二月間。又說他的太太曾小產八次，久病未愈，

臥床未起，體重日漸減輕。

12 月 19 日至 20 日　星期五至六
【無記載】

12 月 21 日　星期日
　　近三日天氣轉佳，有太陽。我傷風既已痊愈，而咳嗽雖未除根，但已較數日前好多，擬再予休息，可能于廿三日赴台北出席二十五日國民大會年會。國際未來動態，專待美總統當選人艾森豪明年一月二十日就職後新政策之公布，無論如何，艾之政策必趨積極。劉司令安琪偕彭醇士兄過訪。據劉云美軍顧問團蔡斯團長說日前赴韓國參加美總統當選人艾森豪會議情形，蔡並說明年台灣必定有很多有興趣的事發生，趕快訓練登陸云云。就蔡氏所云，大有反攻大陸趨勢。

12 月 22 日　星期一
　　余自民國十五年起始有簡單起居記載，至二十八年起乃有較詳細之日記。但其中民國廿六、七年記載，因赴西藏經過香港，將該兩年記載留交麗安保管。嗣因香港為日本軍隊佔領，麗安為安全計，將該兩年記載焚燬之，很為可惜。余自去年夏開始，先從民十五年起寫，類似回錄，多是有關每年的較為重大事件。至現在已有一年半時間，已寫至民國廿三年，一共約有五萬多字，惟以年老記憶力衰，甚至平常用字亦往往錯誤。雖如此，我還是努力，決定有日寫一日，能寫多少就寫多

少，為兒輩將來作人作事之參考。

12月23日　星期二

乘中午車從台中赴台北。今日天氣清和，尤為台北一月餘所少有。

12月24日　星期三

惟仁老太太本晚十一時發心臟病，出冷汗並嘔吐，遂即服可拉明強心藥，漸漸平服。此種心臟病可以立時發作，亦可立時發生危險，必須多加注意。

12月25日　星期四

第一屆國民大會代表全國聯誼會四十一年度年會，本日上午九時在中山堂舉行，余準時前往出席。計到代表一千一百五十餘人，推張羣為臨時主席。蔣總統親臨致詞，其結語，就國內外現勢，確認我第三次革命前途至為光明，必能即早光復失土，解救同胞，維護憲政最後勝利云云。各代表此次深為滿意。繼由陳行政院長報告政治完畢，即由大會推舉主席，計推舉張羣、胡適、莫德惠、何應欽、吳忠信、薛岳、章嘉、白崇禧、白雲梯、胡伯翰、朱家驊、李宗璜、何成濬、張知本、趙恆惕、馬超俊、劉士毅、谷正綱、徐傅霖、劉泗英、陳啟天、鄒作華、王民寧、曾寶蓀、秦德純、葉秀峯、田崑山、李秉碩、富聖康、宋彤、賀衷寒等卅一人為主席團，遂即宣告散會。接開主席團會議。午後大會推胡適、谷正綱先後主席，在二小時內通過提案五十九件、

致敬及慰問電文八件。四時卅五分全案處理完俊，宣告
散會，年會結束。大會一直在極度融和氣氛中進行，為
過去兩年年會所少有，預卜明年年會必更為愉快舉行。
又在中山堂舉行晚會，顧正秋劇團演京戲，余與伯雄于
晚八時前往觀賞。孫乾方與金女士今日舉行訂婚典禮，
余送花圈，並于晚七時前往慶賀。

12 月 26 日　星期五

　　午後二時半出席中央黨部紀律委員會議，這是余第
一次出席此會。午後四時出席中央銀行第十三次理事會
議，俞理事長並報告經濟金融情形。蔣老太太午後到余
家，並送食物等等。伊身體已有進步，但年老氣衰，乃
應有之現象。

12 月 27 日　星期六

　　友人蔣伯誠兄于昨年十二月廿七日在滬病故，今日
週年在善導寺舉行公祭，余親往祭奠。伯誠生前係中央
委員浙江監察使，係浙江嵊縣人。關于史達林日前聲明
願和美國總統當選人艾森豪會晤一事，各方均持懷疑態
度，認為史達林係和平攻勢，企圖分化自由世界。

12 月 28 日　星期日

　　友人龍燦（健行，桐城人）本日上午十一時舉行披
剃（出家），余特前往慶賀。其師名南亭，係江北泰縣
人。並送修敬壹百元。

12月29日　星期一

余係黨營事業裕台公司常住監察人，因在台中時間多，故本年該公司開會時很少出席。今午後特到公司訪問董事長與總經理，談談本年商場情形。故友凌毅然兄夫人現在其女婿譚南光家居住，余特于今日前往訪問。凌小姐兒女成群，須自己料理家務，並未用人，很辛苦。

12月30日　星期二

中午十二時卅分，蔣總裁在台北賓館約中央評議委員、中央常務委員談話，並午餐。總裁對電氣加價于立法院頗為不滿，大為發怒。

12月31日　星期三

今日係四十一年最後之一日。在此一年中，世界局面無大變化，韓國、越南、馬來亞戰事仍在僵持之中，台灣一切安靜。個人方面一年來，庸庸碌碌無善足述。可以令余滿意者，如女婿林少宮在美國得經濟學博士學位。申叔開畫展，深得各方所稱許，惟出國事太不順利，身體亦不進步，太使人煩惱。庸叔高中畢業後，考取台灣大學。光叔初中畢業，因成績如直升高中，免予考試。這都是最難得的事。判斷明年，台灣必定由靜轉動，究竟結果如何，尚要大家努力。

1953 年（民國 42 年）　70 歲

1 月 1 日　星期四

　　今日天氣溫和，陽光普照。余于上午九時到台北賓館，參加中央評議委員及中央委員新年團拜，由于右任先生主席並致詞。九時半到總統府參加民國四十二年元旦開國紀念暨團拜儀式，典禮在大禮堂舉行，蔣總統親臨主持，計出席文武官員五百餘人。總統首先說有兩件非常英勇事蹟可為新年賀禮，第一件是前日菲律賓航空公司一架班機被一個匪徒劫持，擊斃正駕駛員和一個侍應生，脅迫飛赴中國大陸匪區，經我國空軍上尉顧鍾珏、中尉周善擇駕巡邏機窮追，使之在金門降落，不僅救回飛機，且將匪徒洪祖鈎擒獲；第二件，中國航運公司「天行號」（九千頓）在由韓國返台灣途中被潛伏匪諜劫持，賴船長江保廉、伙夫應阿三等全體一致抵抗，經過無數驚險場面，終將匪諜制服，脫險歸來。這兩件事，前者充分顯示我空軍的神勇，後者更證明民眾對匪徒敵愾同仇。在四十二年的新年報導這兩件的消息，實感覺高度興奮，這種輝煌的表現，正是反共大業必獲成功之明證。蔣總統很愉快說明這二件後，繼續宣讀元旦告軍民同胞書，提示軍民努力目標，要全力推行總動員，一切為復國、一切為雪恥，並提出四項要點：一切須求新、求實、求速、求簡。最後呼口號，行團拜禮。典禮至十時十分完成。余到故友居覺生先生家、陳果夫先生家、李運啟先生家向三位故友遺像敬禮。到台大醫院看吳稚老病，並為拜年。稚老病大大好轉，日漸康

復。又到中心診所看老友李文範兄病，他係血壓太低，血管硬化，情形危險。

1月2日　星期五

昨、今兩日拜年的友人還是很多，余特今日分別回拜。晚八時孫總司令立人來拜年，據云軍隊有進步，待遇已提高。

1月3日　星期六

今日上午還是分別回拜友人。午後徐次辰兄過訪，暢談他過去在山西情形。胡光麃過訪，他說近年經營工商業情形，困難重重，不易應付。

1月4日　星期日

今日午後到緯國家，他的太太生病，為日已久。回拜桂崇基兄等，崇基陪余訪問桂永清（號率真），他們係兄弟輩。永清係黃浦第一期畢業，曾任海軍總司令，現任總統府參軍長。彼此論國際大勢及遊擊戰略，大體相同，尤其主張沿海突擊，不約而同。蔣緯國、桂永清對于申叔出國非常關心，緯國說要其兄經國設法幫忙，永清要向總統報告。我深感他們美意，請其暫緩進行，俟將關鍵弄清再請協助。

1月5日　星期一

午後七時白建生招待胡適之晚餐，約余及朱騮先、張其昀、陳雪屏、錢思亮、丘念台、黃國書等作陪。席

散後張其昀兄送余回家，談論當前一般時局，認為台灣極為穩定，黨的團結不夠。計談一小時。

1月6日　星期二

關于申叔出國事，據彥龍與教育部次長鄭西谷接洽，如軍方對出國學生免予軍訓，教育部可以通知市府准予出境。這個消息令人歡喜，但申叔每次有成功希望時，必發生阻礙，此次能否成為事實，實在不敢樂觀。

1月7日　星期三

本日上午何敬之先生夫婦、胡適之先生先後過訪。何夫人不久以前由日本歸來，胡適之先生不久即將赴美。胡閱申叔畫及恕庵禮佛圖手卷，深為贊許。並請胡在手卷上題字，嗣又隨便談談時局。下午四時半至總統府秘書長會客室，參加第一區黨部小組會議。因第七次代表大會後，各區黨部及各小組須另行改組，故本小組今日之會乃最後結束之會也。

1月8日　星期四

安徽旅台國民大會代表、立法委員、監察委員及安徽服務政府高級人員，于本晚在裝甲俱樂部歡迎胡適之先生。計到七十餘人，推余主席，由余致詞，胡氏演說，盡歡而散。余送胡回寓。

1月9日　星期五

過去三日天氣很冷，今午後轉溫暖。李石曾過談，

他將赴台中。

1月10日　星期六

上午到北投看郭老太太，此老八十餘歲，精神健旺。又看陸心亘太太病，他患婦科病，身體異常衰弱。

1月11日　星期日

上午訪教部次長鄭西谷（通和），談申叔出國事。鄭說軍方既已免訓，教部應准其出國，並通知兵役處（市政府）。訪回教領袖時子周先生，時現任中央評議委員，河北省人，現年七十有四歲。唐乃健（縱）于午後六時約余晚餐，有座有何敬之夫婦、張岳軍夫婦、鄭介民夫婦及黃少谷、湯恩伯等，席甚豐富。秦紹文（德純）偕丁耀中過訪。秦山東人，向在西北軍服務，嗣任國防部次長、青島、天津等市長。秦頭腦尚清楚，為山東不可多得之人才。並談及國際形勢，彼此均認為本年台灣由靜變動的成分較多。

1月12日　星期一

中午十二時同鄉史尚寬兄招待胡適之兄午餐，約余及郭寄嶠、孫立人、王亮籌、謝冠生、楊亮功、張慶楨、陳雪屏、錢思亮、劉真等作陪。

1月13日　星期二

偕伯雄于午後四時到萬國電影院，看夜巴梨電影，大多是跳舞。

1月14日　星期三

回拜秦德純（紹文）等，並在秦處遇見裴鳴宇等。現在國際形勢之動靜，專待美國總統當選人艾森豪本月廿日就職後之表示。何景明本日赴台中結婚，景明在余家將十年，可以說是在余家長大的，余對景明在精神上如同自家小孩一樣。

1月15日　星期四

青年黨王嵐僧兄過訪，他新近由台中移家台北，在台中時與余時相往來。據云青年黨分裂，現在仍無團結希望。

1月16日　星期五

胡博士適之明日赴美國，本日中午余與郭寄嶠、孫立人在郭宅為胡餞行，並約陳雪屏、錢思亮、楊亮功、葉公超、劉真、史尚寬、黃伯度等作陪。下午二時半到中央黨部，出席紀律委員會第三次會議。送胡適之申叔作品照片十五張，另十五張託胡帶交陳光甫兄。

1月17日　星期六

請朱仰高醫生量血壓，高一百○五度。午後二時胡適之飛返美國，余到飛機場送行。這是余到台灣後，第一次到飛機場送客。胡此次來台，余與之公私宴會四次，彼此私人談話三次，公共場所見面三次，一共十次。午後五時到貴陽街實踐堂，出席中央直屬區黨部黨員大會，選舉區黨部委員。

1月18日　星期日

擬明日偕申叔回台中。關于申叔出洋事，實在令人煩神。

1月19日　星期一

偕申叔乘上午九時車回台中。午後請徐學純為申叔檢查身體。

1月20日　星期二

申叔檢查身體完畢，于午車赴台北。就申叔身體情形及一般情況，或者可得出國目的，還要看他命運如何。申叔帶來台中最近作品廿餘幅，請彭醇士先生閱看。據醇士云山水大有進步，在上次開畫展時，花鳥超過山水，現在山水超過花鳥，其進步之速可想而知。

1月21日　星期三

美總統艾森豪昨日就職演說，略謂慢慢長夜接近光明，風暴時代已降臨諸大洲，發展實力制止侵略，愛好真理自尊心，不分貧賤同樣珍重，自由奴役對戰，光明黑暗對敵，倘有戰事必將強烈千倍，自由人民應團結起來，不以光榮換取安全而姑息侵略。提出獲致持久世界和平九原則，其原則前三點，發展實力制止侵略，保證決不姑息，並且認清美國力量是一種世界上各地自由人們希望之寄託。次三點原則，承認每一個國家立國的精神和傳統，保證支持自由國家獲到他們本身的安全和幸福，並且激勵生產和貿易。第七點原則，表示希望在

聯合國加強特別區域機構，以解決各地區種種問題。第
八點原則，聲明美國對各洲及各地人民以同等重視之尊
敬，拒絕任何曲解，暗示某一種族或某一國民，在任何
意義之下較為低劣，或可供戰爭犧牲品之主張。在第九
點原則中，總統保證尊重聯合國為和平希望的活標幟，
美國將努力促使聯合國不僅成為一個動人象徵，並且成
為有效力量。觀艾森豪總統之演說，扶助落後人類，領
導世界反抗共產，果能成功，乃是世界第一人物，其功
蹟可與華盛頓、林肯比擬，甚至超過。蓋華、林二人有
功于美國而已，艾將有功于世界。艾森豪之演說為今後
美國四年政策之骨幹，堪稱當代最重要之文件。艾森豪
就任總統後，面臨怎樣結束韓戰，加強西歐防務兩項重
要問題。

1 月 22 日　星期四

李先良大公子年方十九，高中畢業，現赴美國深
造。本晚李偕公子來辭行，明日赴台北飛美國。李公子
出國辦理手續相當順利，較吾子申叔出國三年不成，何
可同日而語，不能不歸諸命運。從廿一日起，請李攀五
先生打日本針劑インテレニン（ホルモン），此針係朱
仰高先生診斷的。

1 月 23 日　星期五

據云蘇俄在千島群島及庫頁島上擁有數十處空軍基
地，單在庫頁南端，即有十二處至十五處空軍基地，俄
機飛日境只需時十三秒。又據云日本北海道隨時可被駐

在對岸的蘇俄軍廿五萬人侵入，因此日本安全大受威脅，情勢極為緊張。尤以日本內部意見紛歧，思想複雜，其前途未可樂觀。

1月24日　星期六

從今日起整理民國廿四年主黔日記。已整理完俊有民國十五年至廿三年，惟年老記憶力衰，回憶以前殊多不易，只有想出多少即寫多少。至後人（子孫）能否保留為做事做人之參考，亦惟有聽其自然耳。

1月25日　星期日

友人張伯英兄在大陸未能退出，他的老母王太夫人隨伯英大公子廣勳來台灣，寓台中。太夫人日前無疾而終，享壽八十有九歲。余送輓聯，廣勳今日特來道謝，擬下星期日開弔出殯。廣勳留學德國，曾任裝甲兵團，現任裝甲兵司令部處長，少壯有為之人才。

1月26日　星期一

河南同志陳泮嶺（峻峰）上午過談。關于河南過去與現在黨政之人物，陳說河南人太老實，而又不團結，這是最大吃虧的。河南人在抗日反共戰局中，河南人力、物力犧牲太大，非其他各省可以比擬者。而在中央並無河南人負高級黨政責任的，故屬中央未能注意，亦河南人比較有聲望人領導無方之故也。申叔晚七時半來電話，教育部或可能准出國，這是郭寄嶠與教次鄭通和交換意見之結束，須一星期時間教部始能發表。話雖

如此，總要起程纔能放心，以政府朝令夕改，使人不敢
相信。

1 月 27 日　星期二

昨、今兩日氣候變化極大。昨日氣溫七十八度，日
暖風和，如江南仲春之時節，穿夾衣而流汗。忽昨夕風
雨交加，今日氣溫只有六十度，儼然如冬天景象，穿厚
棉衣尚嫌太薄，稍一不慎，即生疾病。

1 月 28 日　星期三

美國國務卿杜勒斯告美國人外交政策，其大意解釋
蘇俄龐大共黨包圍政策的「可怕的威脅」。這個目的在
控制蘇俄外圍和美國外圍，是孤立美國的。蘇俄陰謀毀
滅世界，如一旦攫得日本、越南，美國有極大壓力。美
國不選擇戰爭為推行政策之工具，鼓勵盟邦增強軍力以
阻止戰爭云云。這是美國經韓戰重大犧牲，纔明白共
產黨之陰謀，可惜時間較晚了，果能亡羊補牢，亦未為
晚也。

遠東第一西螺大橋完成

一、大橋位于台灣中西部雲林縣西螺鎮，橫跨濁水溪。
二、長約二公里，共三十一孔，僅次于世界第一的美國
　　舊金山金門大橋（2.4 公里）。
三、費資美金一千四百九十萬二千元，及台幣一千四
　　百十萬元。此款均由美國經援項下撥給的，其零星
　　支出以及工人工資統由台灣政府付給。

四、全部工程與技術人員均是中國人，其經費可以說
　　全部是美人負擔，充分表現中美兩國之合作。
五、西螺大橋昨日舉行通車典禮，中美人士與當地人民
　　熱烈參加，盛況空前。

1月29日　星期四

　　中央指定唐縱（召集人）、李文範、吳忠信、謝冠
生、陳雪屏、谷正綱、張道藩、袁守謙、黃少谷、鄭彥
芬、谷鳳翔、鄭介民等十二同志成立黨籍總檢查中央委
員檢查小組。這個小組就是檢查過去第六屆中央委員黨
籍諸問題。

1月30日　星期五

　　請李攀五先生注射インテレニン針劑，已注射十
針，擬停數日，再繼續注射。今晨量血壓，高一百〇
八，低六十五，較平常相差無幾，希望稍高。

1月31日　星期六

　　美國對于韓戰，最近所表現是積極以戰謀和之資
態，並擬以亞洲人解決亞洲事，尤其想使用台灣勢力。
西歐對美國所採消極態度，英法等國深為不滿。

2月1日　星期日

今日上午九時偕光叔赴寶覺寺，祭河南張母王太夫人。可惜其子張伯英兄淪陷大陸，其長孫張廣勛夫婦料理太夫人喪事極能盡責。各界公祭太夫人，推余主祭，睹太夫人遺像，品格端方，仁慈和靄，所以享年八十有九，無疾而終，子孫滿堂，福壽同歸。新疆蒙古土爾扈特盟長敏珠策旺多濟本日上午特由台北來台中訪問，並持有蒙藏委員會委員長田烱錦兄致余書信。據敏云生活困難，請余向蔣總統進言，予以接濟。答曰待余下次到台北時與田委員長面商，並代你說話云云。敏即于午車回台北。現在國家財政困難，且有一定預算，而邊人來台擁護國府，其熱心可感，但生活困難亦是事實。余同情邊人，其無法幫助何。

2月2日　星期一

李雲生（廣恩）與丁潔如女士于午後四時在沁園春舉行結婚典禮，余偕麗安準時前往為之證婚，介紹人係顧志成、曾伯雄二君。典禮于五時半完成，拍照後宴會，至八時盡歡而散。李雲生現在顧志成所辦之台中市之中福行服務，丁潔如亦在該中福行服務的。參加典禮將百人，多是台中商界。又在禮堂由雲生介紹何經（號石遺，休甯人）及合肥同鄉陳治煥、唐志陶與余見面。陳是軍校第十六期畢業，現在海軍總司令部擔任攝影工作。唐在海軍總部擔任電台事宜。這三位同鄉正是中年作事時候。

2月3日　星期二

　　李雲生新夫婦來道謝昨日為之證婚。李帶陳治燻來為余拍照。庸叔已放寒假，于本日由台北回台中。據云惟仁老太太出風疹，請朱仰高醫治。杭立武送申叔所最需要之沈石田畫片三十二張，真是難得之物。余昨日外出，未與之見面，今晨特到杭宅道謝。

2月4日　星期三

　　美總統艾森豪向國會宣布，將下令第七艦隊不阻台灣反攻大陸，以遮護中共。其理由：「在一九五○年韓國受攻勢之後，美國第七艦隊受命一方面阻止台灣受攻擊，同時也確使台灣不應對所據大陸的中共作戰。這件事，已表示出要美海軍作為共黨中國的一種防衛武力。中共侵入韓國攻擊聯軍，不斷拒絕聯軍所提覓取和平各項建議，最近更隨蘇聯之後，拒絕印度政府在聯合國所發啟停戰建議，結果，再沒有任何道理或意義，要求美海軍替中共負起防衛責任。因此，我（艾）將下令使第七艦隊再不用來保護共產黨中國。」這個解除台灣中立化計劃，不限制國軍反攻，美國民多表贊同，並獲兩黨首要與國會大部議員，及軍界耆宿麥克爾瑟元帥等一致支持。蔣總統發表申明：「對美總統這個措施，是合理光明，保證不要友邦地面部隊協助我國對共匪作戰。」此種申明很得體。在艾氏申明中，第七艦隊仍留台灣海峽協防。艾氏申明引起全世界重視，亦是美國強硬遠東政策初步，亦是美國奪回冷戰的主動。曾伯今日（四）午車回台北。今日起請李醫繼續注射インテレニン

針劑。

2月5日　星期四

　　據美國駐華軍事顧問團團長蔡斯將軍稱，美國軍援應迅速增加，國軍倘獲得更多裝備，本年底可大規模反攻。中華民國軍隊去年一年中增加戰鬥效能一倍，並稱他相信只要他們能登陸中國大陸，可保持灘頭陣六個月或七個月之久，則全國均將起而響應。蔡又說他們能夠全師（或曰兩師）登陸，可保持立足點經三天之久（指現在）。

2月6日　星期五

　　周彥龍來函云，教育部允許發申叔出國文件。當即復周一函云：「教育部雖允發出國文件，但以過去經驗，其他方面是否臨時另生枝節，殊難預料。申叔是一個規矩人，因此往往看事太易，且易樂觀，致使計劃終成畫餅。務請老弟與伯雄、申叔多加研究，以妥當迅速四個字為原則，把握最後一個出國機會。」

2月7日　星期六

　　申叔來電話，教育部准許出國文件，大約下星期二可以發出。以過去經驗，總以起身後方可信。張載宇夫婦晚間過訪。

2月8日　星期日

　　上午顧志成過訪，與之談世界貨幣情形。據顧云英

鎊最貴，其次美元最穩定，而少低落是瑞士法朗、加拿
大貨幣，最能通行是美元。現在貨幣價格，大約一個英
鎊值三個美元，六個香港幣值一個美元，一個瑞士法朗
值一個美金四分之一。今日本里「靖龍里」選舉里長，
余與麗安于上午前往投票。

2月9日　星期一

　　美國軍援局長歐穆斯德來台考查發表：「美軍援正
源源運台。」這是似較確實的話。昨夜北平廣播，毛澤
東公開宣稱：「我們決心繼續打韓戰，美國要打多少
年，我們就打多少年。」韓共宣稱，朝鮮戰事「直至美
帝國主義者的奸謀被擊敗」。共產黨既狡滑，且倔強，
決非美國用威脅恐嚇戰略可以解決韓戰者。

2月10日　星期二

　　余農曆癸巳年（明年）為余七十虛度，各方多打聽
生日為余做壽，而安徽同鄉尤為熱烈。茲致周昆田一
函，錄後。

　　伯雄來台中，談及同鄉諸先生盛意，為賤辰有所表
示，萬不敢當。值此國難時期，更不忍作任何之舉動，
務請代為婉辭，並請諸同鄉多加原諒，無任感禱。

2月11日　星期三

　　曾伯雄來函：「申叔出國事，已于十日收到教育部
函知，准予出境。並另有致保安司令部出入境聯合審查
處，請准予發給出境證。已向省府兵役處詢問明白，仍

照以前辦法，辦理役男出境事宜，現已著手辦理矣。茲附上致吳主席及經國先生函各一件，敬祈簽字後即日郵寄來台北，以便于除夕日分別送發云云。」適顧志成今日午車赴台北，當即將致吳、蔣兩函簽字，託志成帶台北，並希于今晚送伯雄手收。致吳函請促主辦兵役機關速准出境，致蔣函託其協辦一般出境手續，是否另生枝節，要看申叔命運。

2 月 12 日　星期四
致申叔函

　　出國之先應休養身體，現在趕還所欠畫債，都是平時不當心的結果。已經允許人家的畫，應該速還，不要弄到動身前仍要繪畫。總以早日停畫之為原則，俾得專心辦理有關出國一切事宜。如一定繪畫，反不如練字，練一個好一個，練一張好一張，練字是你最迫切需要的，不可再緩了。彭醇士先生日前來說，擬送你一部很好字帖，正在裝裱中。

　　老太太風疹已愈否，念念，除夕與元旦代我恭賀。

　　朝睡是你一切吃虧總因，但過年這幾天，你必須早起早睡，迎接新春，希望從癸巳年一帆風順，除舊換新。

　　伯雄、申叔來電話（晚八時半），關于役男出境，已極積準備各種文件。至一般出境已無什麼，緯國並允代向保安司部電促速發。

2月13日　星期五

　　最近數日天氣溫和，人們都在準備過春節。內地來台人們時日已久，都感生活困難，而本地人反較內地人生活環境優餘，歡欣鼓舞過新春。

2月14日　星期六

　　今日農曆癸巳年元旦，民間習慣比陽曆過年熱鬧。台灣在日治時代，不但不廢除農曆年，而且尊重農曆年，所以台省同胞重視此農曆年。昨夜爆竹聲整夜不絕，直至天明，尤其是本省人們極度愉快心情歡渡這一年一度之春節，大都穿上新裝，兒童們更顯得歡天喜地。惟內地來台人們，多半是不生產的，亦是無法生產的，長期坐食，早感困難。經過四個農曆年之比較，真是一年不如一年了，如不奮鬥，將來痛苦，更有甚于今日。今日雖沒有晴空萬里大好天時，但氣溫在七十六度左右，非常和暖。今晨日偏食，雲霧蔽天，未能如意觀測。今日到余家拜年友人很多（約七十），一部份由余親往回拜，一部份派謝應新送余名片拜年，亦是人情上應有之往還。自早至晚，未能休息，所謂年忙是也，但余精神與興趣均比昨年好。晚七時約同鄉徐學純夫婦、張載宇夫婦，及尹學謙、徐輔仁（學純之弟）等便飯，極為歡慰。他們都是同鄉後起之秀。

2月15日　星期日

　　今日仍回拜朋友。上午拜楊市長基先、劉司令安琪、孔奉祠官德成及同鄉劉波鳴等。午後杭立武兄來

訪，他熟習歐美情形，特與他談將來申叔出國交通。杭主張乘荷蘭或英國公司飛機往巴黎。又李先良兄來訪，談談國際當前情形。沈成章兄夫婦來拜年，並送人參、水果，太客氣了，十分感謝。

2 月 16 日　星期一

近二日天氣雖然不佳，但是人們狂歡作樂過年，顯示一個自由天地昇平樂園，和大陸上同胞所過年來比，真如天堂地獄之感。無論什麼行成習慣之後，實在是不容易改掉，如過農曆年人民習慣太久，改掉尤為不易。所以我們對于一切事，都要慎始，要改正不良習慣，非要根本上從教育著手不可。

2 月 17 日　星期二

十六日中午，日本北海道上空，美俄飛機發生衝突。俄機兩架，一架受傷，向俄據庫頁島方面飛去。這是第二次大戰後，美俄開火。美國民防局宣稱：「蘇俄現在可能出動四百架飛機，攜帶原子彈襲擊美國的八十九個大城市，在一天之中，造成一千一百萬人的傷亡。這是根據軍事方面的情報，來假定蘇俄攻擊力量。」

2 月 18 日　星期三

昨晚得台北電話，申叔有病。李石曾先生將于十九日起程赴法國，因此乘今日午車赴台北。顧志成兄車站送行，他知申叔將出國，特送申叔西服料一件，未免太客氣了，應否收受，要由申叔自行決定。五時抵台北，

六時訪李石曾先生，適李外出未遇。李遂于七時趕至余
宅，至申叔臥房看申叔病。比與李談申叔即將赴法國留
學，請李關照，李表示誠懇之意。申叔三日前熱度卅九
度七，今日已退至卅七度四。

2月19日　星期四

　　李石曾上午九時起飛，余到機場送行。李此次經香
港飛巴黎，然後到英國，再轉南美、北美，約計六個月
至十個月回台灣。農曆元旦來台北寓拜年很多，特于上
午分別回拜何敬之、陳辭修、蔣經國等。又到台大醫院
看吳稚老病，到中心診所李文範、朱騮先兩兄病。

2月20日　星期五

　　下午三時至中央黨部，出席紀律委員會第四次會
議。台北連日陰雨，很不舒適，而台中天氣好，太陽
多，為台灣最適宜居住地方。

2月21日　星期六

　　鄭震宇（河南立委）上午過談。他對于一般政局非
常清楚，頗有見底。看申叔作品，亦異常稱贊。申叔發
高度寒熱後，今晨痰中帶紅，深為可慮。

2月22日　星期日

　　安徽國民大會代表借地方法院檢查處圖書館，召開
本黨黨團小組會議，余準時前往，並推余主席。出席
代表三十餘人，討論國大代表防空設備等問題。時值

新春，盧熟競女代表特備盧江縣點心招待各代表，大家盡歡而散。下午陳勤士（英士胞兄）三女祖思與金扶東，在裝甲兵軍官俱樂部舉行接婚典禮，余親往道賀。陳積中介紹泰國華僑林謨雄（國長）于午後六時過訪。林係暹京華僑四位資本家之一，經營事業很多。林祖籍廣東澄海縣人，有五位太太、一位兒子，現移一部家眷來台灣，即在余宅東圍牆外用十五萬新台幣建新屋一所居住，並擬投資台灣實業。申叔現正辦理兵役出境手續，似無多大問題。惟歐州天氣冷，非皮不暖，日前電台中取由滬帶來皮衣，今日由張載宇帶皮袍筒二件，甚合用。

2 月 23 日　星期一

友人曹浩森兄今日逝世週年紀念，在善導寺舉行公祭，余于上午九時半前往致祭。浩森兄生前服務軍職甚久，嗣任江西省主席及監察院委員等職。回拜莫德惠、盛世才諸先生，並在盛處遇見馮庸（號獨慎，東北人）。

2 月 24 日　星期二

立法委員徐中齊與沈文筠女士，本日午後四時在中山堂光復廳舉行接婚典禮，余親往致賀。本日上午出外回拜朋友。

2 月 25 日　星期三

昨、今兩日台北日暖風和，為入春以來台北稀有氣

候。午後五時出席裕台企業股份有限公司第二屆第五次
董事會議，並在公司晚飯。

2月26日　星期四

下午二時半出席中央委員之同志黨籍檢查小組第二
次會議，討論關于中央委員整肅案。該案自前改造委員
會以至第七次全國代表大會，都未能解決。蓋整肅案有
關政治問題很多，余主張多加研究，多加考慮，如必須
整肅，但必須有證據，必須澈底執行。例如一個黨員犯
黨紀，是必連帶犯國法或軍紀，均應依法辦理。換句說
就是要有一套辦法，否則僅在黨中整肅，收效極微的。
蔣總統明令廢止中蘇友好同盟條約及附件，並保留我國
及人民向蘇聯提出要求之權。本條約由出賣中國之雅爾
達密約而產生，非中國自由義志而簽訂，此舉係正式宣
告蘇俄是無信用、是侵略者，但實際上無用的。美總統
艾森豪咨國會，要求廢止雅爾達與波茨坦兩密約，實際
不發生效力。譬如蘇俄所侵佔中國旅順、大連、東北鐵
路利益，以及波蘭邊界等，都非目前所能改變。這是艾
森豪外交強硬政策，措施上表現積極價值，更可表示美
國今後絕不會再以犧牲他人利益的方法，作為綏靖蘇俄
的手段。

2月27日　星期五

蔣老太太約余及申叔午飯，意在為申叔餞行，在座
有錢慕尹夫婦。訪師範學院院長劉真（白如），適劉今
晚起程赴美國考察教育，藉此送行。劉此去時間約有一

年耽擱，經費由美國幫忙，師院職務由劉派員代理，這
是劉千載難逢機會。訪旅行社陳總經理樹仁，談申叔赴
巴黎飛機，他主張乘菲律濱航空公司飛機。陳樹仁兄亦
于下月初六日赴美國，出席旅行會議。

2 月 28 日　星期六

申叔兵役出境許可證，省府已發至市府，星期一初
二日可領出，然後繼續請保安司令部發一般出境證。若
無其他問題，兩星期可起行。

3月1日　星期日

今日為蔣總統復行視事三週年，上午九時在貴陽街實踐堂舉行慶祝，余準時前往參加。昨日午後台灣名人蔡培火先生來訪，據云「現在台灣是一種方法動員，不是人民心悅誠服的動員。而黨部對于選舉地方議會更不公平，同是黨員，為何指定人選，不免厚于彼而薄于此，很不妥當。」蔡先生這一番說，似乎希望我向中央說話。

3月2日　星期一

申叔兵行役出境證書今晨已經取得，比即赴保安司令部請發一般出境證。據該部云：「尚缺公職人員眷屬出境本機證明書，不能辦理出境。」這件事在事先我們不知道，亦是我們忽略。我是總統府資政，只得立即請總統府證明，又須耽擱時間。出境之難與問題之多，未有甚于此者。我是有地位公職人員，不願用絲毫權勢，一切依照法律做人做事，倘老百姓辦理類似此等事件，其困難不知到如何地步。

3月3日　星期二

財政部次長陳漢平過訪，談談現在與將來的經濟。認為台灣是可以過去，對于將來大陸的經濟很少辦法。

3月4日　星期三

三月份國父紀念月會于本日上午十時在總統府大禮堂舉行，余屆時前往參加。蔣總統親臨主持，並訓示

四十一年度行政成績檢討，及四十二年度施政方針。至
十一時月會完成。

3月5日　星期四

　　蘇俄政府昨日宣佈，史達林中風命在旦夕，其權力
由部長會議及俄共中央代替。這是全世界最重視之事
件。申叔向保安司令部申請出境文件，今午始準備齊
全，即送該司令部，一俟該部批准即可決定行期，並即
向台灣銀行申請出國旅費。此次關于公職人員眷屬機關
證明之手續，係先向總統府秘書室請求者，經三日之久
未得要領，而當事人亦無暇辦理此事。最後始知照例由
總統府人事室主辦，很迅速辦理完畢。秘書室與我們事
先都不知道，是很可笑的。

3月6日　星期五

　　莫斯科廣播稱，史達林已于五日莫斯科時間下午九
時五十分（即台北時間六日上午二時五十分）病故。史
達林死矣，你生前犧牲了無數人生命，死後尚留無窮之
禍害，真是罪惡萬端，應該入地獄。史達林經數十年
排除異己，血的奮鬥，控制蘇俄，領導共產國際。今者
由史達林個人獨裁變為多頭，則此後蘇俄遲早必發生內
亂，對共產國際與附庸國家減輕領導，甚至失去領導。
這是民主國家最好機會，尤其是美國新總統艾森毫最好
運氣，國際形勢從此動搖。下午四時出席中央直屬區黨
部新編組第一小組第一次會議。參加此小組同志名單，
計有張羣、王寵惠、吳忠信、吳鐵城、朱家驊、賈景

德、何應欽，陳濟棠、何成濬、徐永昌等十人。選舉組
長，張羣以七票多數當選。

3月7日　星期六

中午十二時卅分參加蔣總裁召集評議委員午餐會。
交換史達林死後，國際形勢之變化，認為目下不致發生
事件。又告經國，申叔即將赴法國留學，在動身之前，
擬與你見面一談。他說由他約時。我曰由我打電話相
約。王撫洲（號公簡，河南正陽人，國大代表）今日來
余家看申叔畫，異常稱贊，認為設色鮮豔，構圖自成一
格，別出心裁。

3月8日　星期日

今日陰曆正月廿三日，是申叔滿二十一歲生日。中
午家中添菜吃麵，只有和純姪參加。蘇俄黨政機構改
組，馬林可夫繼任總理，貝利亞、莫洛托夫、布加甯元
帥和卡加諾維區等四位次于馬林可夫的最重要人物，已
被任為副總理，伏羅希洛夫任最高委員會主席。關鍵在
馬倫林可夫與貝利亞能否精誠合作，以定蘇俄之安危。

3月9日　星期一

申叔出國又發生問題，就是軍訓不軍訓問題。蓋申
叔從前身體不及格，免予軍訓，而此次出國保安司令部
還要教部說免予軍訓，教部說他無此權，因此又要說廢
話。政治如此，使老百姓不知所從。

3 月 10 日　星期二

　　申叔出境證保安司令部主辦人任健鵬允予發給，但其中他的公文手續，尚須研究與補救。上午電蔣主任告申叔出境證之經過，請他與我面談。

3 月 11 日　星期三

　　經國上午來談申叔出境證事，他允代為辦理，並將保安司令部致教育部公函，交經國退還保安司令部，以免另生枝節。我告經國，外交部發護照，教育部准出國，國防部因申叔身體不及格免軍訓，兵役科允出境，手續都已完備，保安司令部未免過于周密了。經三日奔走，雖有頭緒，究竟是否別生問題，要看申叔氣運如何耳。

3 月 12 日　星期四

　　昨晚蔣主任經國來電說申叔出境證今日可以發出，但曾伯雄今午後往訪主管其事任健鵬處長，據云教部電話尚未打通。無論如何，至遲星期六上午必定發出。

3 月 13 日　星期五

　　今日保安司令部、教育部關于申叔出境證，彼此電話，未得要領，因此保部致教部公文復送出，又生周折。而任鍵鵬處長仍說明日上午可發出境證，未免太敷衍了，又須拖延時日。午後教育部長程天放兄來談此事。他開口即說申叔命途多舛，彼此研究之下，主張肺部病左右文字之錯誤，應另請醫院證明，至再軍訓與

否，由教部妥為答復。時已四時四十分，立即請伯雄弟
趕五時車赴台中，仍請徐學純院長證明。

3月14日　星期六

伯雄弟乘夜車于晨六時到台北，帶來徐院長證明
書，申叔左肺停止性結核，右肺正常，當即于七時將此
證明書送與程部長。伯雄于短時間辦成，真是萬分迅
速，而一夜未眠，太辛苦了。教育部程部長天放于午後
七時復函：「禮卿先生賜鑒：大函暨令郎患病證明書均
敬悉。關于令郎出境事，放已飭本部國際文化事業處，
函請聯合檢查放行矣。」就函看來，教部負責放行，深
感程之熱心，尤佩迅復。

3月15日　星期日

前在總統府同事陳芷町（方）兄前日由港來台，暫
住北投華僑招待所，余今日上午前往訪問。陳長于文
字，並善畫竹。他知余本年七十歲，特畫華封三祝，甚
感謝。

3月16日　星期一

今日午後五時，教育部發出函復台灣省保安司令部
軍民出入境聯合審查處。其中最要一點，就是國防部核
准免訓，自係不必再訓之意。其結核病即已由進行性，
變為停止性，可以求學，故准予出國，特復請查照，准
予出境為荷。

3 月 17 日　星期二

故友周佩箴兄逝世周年紀念，余于上午九時半到善導寺敬禮。舊部嚴武（前隨余安徽任警備旅長）由陸心亘兄于上午十時陪同來見。嚴現在大陸工作處做事，談談安徽游擊隊。今日午後聯合審查處已發給申叔出境證，甚為歡喜。假定廿二日（星期日）飛香港，廿八日（星期六）由香港飛巴黎。

3 月 18 日　星期三

今日關于申叔出國所辦事宜：1. 台灣銀行結匯旅費等，共一千一百美金；2. 定飛機票，廿二日（星期日）乘民航隊機飛香港，二十八（星六）乘菲律濱航空公司機飛巴黎；3. 赴英領簽證經過香港；4. 函香港李宇龕于二十二日到九龍機場照料申叔；5. 函巴黎本國大使館段代辦，告申叔行程，請派人到巴黎機場照料。一切準備大體完成。今午顧墨三夫婦招待蔣老太太午飯，約余夫婦及韓楚箴夫婦、錢慕尹夫婦作陪。杭立武兄午後四時過訪，與申叔談赴歐州途中情形。

3 月 19 日　星期四

今日午後二時半出席中央同志黨籍檢查小組會，仍討論紛擾經年中央整肅孔庸之、宋子文等一案。查本小組是檢查黨籍，整肅問題不屬範圍之內，故決定孔等十五人不不發黨證。換句話說，就是不准登記，待文件重新整理後，下次會再行決議。我提議中並有暫緩發給黨證之意。總之此案暫告一段落。

3月20日　星期五

一、下午三時出席紀律委員會。關于此次各縣市議會
　　選舉，未能遵本黨提名規訂指示之同志，主張開
　　除黨籍。余力主從寬。

二、下午五時半至許靜老家，與皖同鄉金幼洲等會商
　　關于劉銘傳先生紀念館事宜。

三、下午六時至賈景德先生官邸，出席第二次小組會
　　議，並在賈家晚餐。

四、駐法國大使館代辦段茂瀾（觀海）回國述職，午後
　　七時抵松山機場，派申叔代表歡迎。

3月21日　星期六

　　陪申叔到于院長右任等處辭行。訪段公使，適公出
未遇。段于晚九時偕鄭道儒（前經濟部長）來訪，對于
申叔赴法留學很多指示，請申叔到巴黎後暫住大使館，
並電大使館派員到機場照料，此種熱情，殊深感謝。又
談國際形勢，段三星期後返巴黎。計談一時半之久。

3月22日　星期日

　　申叔于晨六時起身，七時半赴飛機場辦理出境各種
檢查手續，乘民航隊飛機于九時時零五分起飛。適美國
民主黨此次提名總統競選人史蒂文生（未當選）亦乘此
機赴香港。余于八時赴機場，段代辦與杭立武亦到機場
為申叔送行，太客氣了。申叔運氣太好了，申叔出國經
過三年之久（詳情另記），能得最後目的，十分快慰。
就迷信說，申叔八字太弱，尤其需要土、火，故與彥龍

等商，另起別號堯暄。即所謂堯天舜日，就是火、土
之意。

3 月 23 日　星期一

蔣緯國夫人石靜宜女士于廿一日晨五時四十分患心
臟病逝世，惟仁夫人是日午後親往殯儀館弔唁。今日大
殮，余偕庸叔于上午十一時前往致祭。石女士年卅，去
世太早，不免可惜。郭寄嶠晚間來談，各方擬為余做
七十生日，余力辭。

3 月 24 日　星期二

乘上午九時車回台中。車中遇周宏濤等，他們是為
黨務到苗栗。下午彭醇士兄來談，仍關作畫事宜。

3 月 25 日　星期三

本日起仍請李攀五先生繼續打日本針劑インテレニン
（ホルモン）。

3 月 26 日　星期四

師範學校校長黃金鰲兄招待余及合肥同鄉胡秉正、
劉波鳴、魏壽永、譚□等晚餐。據胡云，天植姪已于
前年在合肥被赤匪清算，不存人世，聞之萬分痛心。
今日上午宜蘭警察局長傅維新來訪，他請余到宜蘭遊覽
風景。

3月27日　星期五

接伯雄來函，得申叔函，決定星期六（廿八）起程。飛機在羅馬有一整天耽擱，可以看看古蹟。在台港飛行途中嘔吐兩次。李、馮二位到機場迎接，現住九龍新樂酒店 413 號，天天和李先生在一起。

3月28日　星期六

中部防守區司令官管劉安琪（壽如）調澎湖防守區司令官，其遺中部防守司令官劉中將玉章（號麟生，陝西人）接充。劉安琪已赴澎湖接事，家眷仍住台中。安琪午後過訪。

3月29日　星期日

共匪同意克拉克將軍二月廿二日所提交換傷病戰俘。美國務院聲明，強調交換依照自願原則，與恢復板門店談判問題無關。倘自願交換傷病戰俘辦成，繼之恢復板門店停戰談判，以致得到和平，這是與我們不利的。

3月30日　星期一

近二日天氣忽轉寒，由七十二度降至五十七度，且陰雨，于人身體很不相宜。

3月31日　星期二

伯雄轉來申叔廿七日晚自香港來函，大意：
已定明日（廿八）上午十時飛羅馬，卅日下午由羅

馬飛巴黎。同機乘客皆是到羅馬的，赴巴黎者只有兒一人，現已發電駐法大使館。在港承馮君及劉灼光君協助，十分感激。劉君為香港商業鉅子，現年五十三歲，不久將要來台，正辦入境手續，待兒日後函詳。在港一切尚稱順利，大衣未做，買一件晨褸及紙、筆、顏色等。李鴻球先生託帶一信與石曾老伯。李大哥在港心緒不佳，算命生意清淡，他是我們自己人，請大人在台替他注意機會，兒很希望他能來台進隨大人。

申叔叩　廿七日晚

4月1日　星期三

今日係陰曆二月十八日，余七十歲生辰。回憶過去，自問做人于心無愧，但對于國家民族，深覺責任未終，感慨良多。自應竭盡殘餘之心力，順乎天理，合乎人情，了此心願，殊不知有此機會否。今午接駐法公使段茂瀾由台北來電話，說申叔已安抵巴黎，這是最使余安心而滿意者也。各方面都欲為余七十壽慶祝，余堅決辭謝，並強調「諸親朋如幫忙我，看得起我，免慶祝，實比慶祝好」，深得親朋諒解。蓋做壽勞命傷財，人我無益，何況值此國難時間，大陸人民日在驚濤駭浪之中，豈忍鋪張祝壽乎。雖然我不喜做壽，但人家做壽我亦不反對，所謂各行其是之道也。從昨年起，每年生日將父母生死日期記出，略盡孝思。父死我一歲零二十一天。母死我六歲零三十八天。父生于道光二十八年正月十七日寅時，終于光緒十一年三月初九日寅時。母生于道光二十八年十一月廿三日丑時，終于光緒十六年三月廿六日亥時。

4月2日　星期四

今日段公使來函，並將與駐法大使館關于申叔赴法往來電稿附寄，並囑大使館招待，在申叔住宅未覓定之先，即住大使館段家。大使館卅一日來電，申叔已抵巴黎。段公使辦事周道與熱心，至深感佩。

4月3日　星期五

美聯社外交記者分析：「莫斯科最猛烈和平攻勢，

使人以為莫斯科非但願意，而且亟欲獲得韓境停戰。揣
測原因，較可能便是莫斯科想不惜任何代價，以鎮定西
方，阻撓西方防務，陰謀離間歐美盟國。其對內亟圖
鞏固新政權。」總之世界各國都是怕打仗的，尤其是民
主國家亟希望和平，不管和平之真偽，都是與我們不利
的，我們要世界大戰爆發，纔有出路。

4 月 4 日　星期六

天氣轉晴而溫暖。連日請彭醇士、仲俘山為申叔題
畫，如寒林與米家山水等。顧志成來訪，關于我們現住
時代路一號房屋，因人少屋多，久擬讓人，因所有權不
完備，未能丟手。顧很熱心，擬替我們設法。

4 月 5 日　星期日

上午請中部防守區副司令官施中誠陪余回拜新司令
官劉玉章（號麟生），與劉談及伊過去由東北經營口退
上海，再退台灣，守舟山情形。在大陸上許許多多有名
部隊，或投降，或被銷滅，而劉氏獨能轉戰南北，全師
退台，真是稀有的將才。又回拜師長張國英，阜陽人，
頗有才幹。庸叔因學校放春假回台中，現屆假滿，今午
車回台北，明日上課。

4 月 6 日　星期一

陳式銳夫婦往遊日月潭，道過台中，今日上午過
訪。據云將往菲律賓納卯（就是那罷）任華僑所辦的中
學校校長，余深表同情。

4月7日　星期二

中央通知：

一、本黨第七屆中央委員會第二次全體會議，定于本
　　年五月五日在台北召開。

二、出席人員為全體中央委員。

三、列席人員為中央評議委員、候補中央委員、中央
　　委員會各處組會正副主管、特種黨部、中央直屬
　　職業黨部、中央直屬青年黨部主任委員、五院正
　　副院長，及有關部會首長。

四、此次會議主要議題為：

　　（1）對收復大陸必要準備事項。

　　（2）聯合陣線及有關問題。

　　（3）國民大會及有關問題。

附註：五月四日在台北市中山南路十一號之一，中央
　　　委員會報到。

4月8日　星期三

　　中央社香港電詢，此次蘇俄外長莫洛托夫贊成周恩
來聲明，願意接納韓戰「志願遣俘」，其和平攻勢之目
的，有爭取英國、孤立美國、鬆懈聯軍戰意、軟化日本
備戰心理，澈底打垮美國遠東新政策，阻遏台灣勢力向
大陸發展。又謂此次談判是拖延性，是以退為進的手法
運用。

4月9日　星期四

　　近日讀陸宣公奏議，非常有感。現在就有陸宣公復

活，亦無法挽回四萬萬五千萬同胞之劣運。陸宣公最注
重是忠厚真誠，現在人多是猜忌虛偽。

4 月 10 日　星期五

行政院決議台灣省主席吳國楨因病呈請辭職，應予
照准，任命俞鴻鈞為台灣省政府主席。吳氏任職三年，
備極辛勤。俞氏為有名理財家，且富于地方行政經驗。

4 月 11 日　星期六

紐約時報記者李維樂所稱：「艾森豪政府正考慮新
的韓國和亞洲政策，該政策將使韓國自腰部分裂，將解
決印度支那戰爭，並可能由聯合國託管台灣，使其最
後成為獨立之說。」白宮新聞秘書哈格泰答復詢問：
「所謂政府對台灣及韓國政策，是沒有事實根據。」話
非無因，或者是事實上聯合國（尤其是英國、印度）的
希望，抑或為和平引透中共一種策略。國際間有利害，
無道義，和平愈濃厚，台灣愈黯淡。我們只有拿出從前
革命精神，團結力量，與之周旋。林繼庸、吳澤湘先後
過訪。林是留美化學專門人才，前任新疆建設廳長，現
擬辦化工廠。吳前任新疆外交特派員，嗣任駐智利國大
使，三年前已辭去大使，仍住智利。

4 月 12 日　星期日

昨日暖度七十五度，經一夜風雨，降至六十二度。
上午十時至鐵路飯店訪吳澤湘兄。他想再出任外交官，
其目的國西班牙、阿根廷、泰國。

4月13日　星期一

　　申叔四月一日由巴黎來函，大意是：「三月廿八日上午十時半由九龍起飛，下午二時抵馬尼拉。該地炎熱，只能穿單衣，由公司招待進城，在馬尼拉旅館休息。晚餐後約八時起飛，下半夜到加爾格答，在機場餐廳進早餐。天亮後（廿九日）大家坐巴士進城遊覽，人民貧窮，十分可憐。中午起飛，至巴基斯坦首都客拉蚩加油，續飛。時在夜間，飛機在半空中壞了，幾乎失事，飛機一落千丈，駕駛員無法控制。機內衣箱皆飛舞起來，乘客跌成一堆，大家都叫完了，駕駛員叫大家鎮定。菩薩顯靈挽救過來，如有高山，早已失事，許多乘客皆大吐，我亦不能例外。到羅馬是卅日早晨七時，乘客都到羅馬下，只有我同一個美國人友人，改乘法國飛機往巴黎。美國友人在馬尼拉海關掉了一件行李，去打電報，我幫他看行李，並且每人換了十元美金，然後到旅館休息。早餐後，請旅館找了一部汽車（當天羅馬出差汽車罷工），在羅馬城內繞了一大圈子（一小時），看了許多古蹟。在旅館吃中飯，于午後三時半起飛。晚八時達巴黎，在機場迎接有段三公子偕大使館參事陳雄飛先生，我現暫住大使館。李石老夫婦昨（卅一日）晨來訪，他們廿九日去機場接了一個空。午間石老夫婦請我吃中國飯，下午一同坐了數家咖啡館，暢談法國及台灣繪畫情形，石老對我的作品十分重視。後來李伯母帶我觀光巴黎大公司及市中心區，兩人在街上跑了數小時，沒有休息。李伯母很仁慈，很有修養。晚間又同李老伯去看一位留法多年的中國畫家周麟先生，不在家，

他定明天早晨來看我。石老夫婦正在替我找房子，最好是在畫家家中。他們的意思第一步學法文和素描，拜何人做老師，還要詳細研究。昨天他們還帶我到聞名世界的語言學校去要章程，該處教授全世界各國語言，我預備遲幾天去報名，開始學法文和英文兩種。石老夫婦很熱心，同我很親近，我也替他們幫了一個忙。從香港來時，李鴻球先生託我帶了一張一萬美元的支票給他們，是世界書局經費，要石老簽字後寄回香港，才能拿錢，一路上責任很大。石老夫婦現住鄉下，生活很儉省。在機中飛行時，一路展覽自己作品，深得全機旅客欣賞，尤其有一位義大利人及一位萄葡牙青年音樂家，十分稱讚，分贈大家照片，並簽名以留紀念。一路上任何國家海關皆不檢查，出乎意料，不過每到一國要填很詳細表。法國英語不通，所以不能單獨出外，在大使館休息休息也很好。」細觀申叔來函，不但詳細而且周到。深感大使館段公使觀海的關照，段三公子與陳參事雄飛的招待，尤其感激李石曾先生夫婦殷勤指導。申叔既安抵法國，余十分喜慰。申叔寫如此長信，從來沒有見過的，不但文字進步，措辭亦很妥當。

4 月 14 日　星期二

前數日謠言聯合國託管台灣，現在美國務卿杜納斯在眾院撥款委員會作證：「美將以鉅款加強台灣軍備，美政府在上一會計年度給予台灣的軍事配備僅及所允諾的百分之卅」。杜威州長提警告：「予台灣最大援助，不應視韓戰移轉」。我們居被動，聽人擺弄。

4月15日　星期三

午後杭立武過談，論論當下人才。余表示一個人要有生命，要有思想，所謂思想也者，革命與政治、經濟之三大思想也。

4月16日　星期四

台灣省政府新舊交代，卸任主席吳國楨在任三年多，對于本省治安、財經、地方自治各方面均有成就。新任主席俞鴻鈞素有政治與理財之經驗，當能平妥繼續下去。省府四個廳長都更了新人，民政鄒之清、財政廳徐伯園、教育廳鄧傳楷、建設廳連震東，其餘省府委員大都是原人。秘書長仍是浦薛鳳，浦一連任四次秘書長，真是最久秘書長了。

4月17日　星期五

美總統艾森豪十六日針對俄集團和平攻勢發表重要演說，闡明美國外交政策，統一韓國、德國，簽定對奧和約，釋放蘇俄所扣留的德國、日本戰俘，建立完全獨立歐州社會，及停止侵略，力促俄國以實際行動表明正義。這是艾森豪和平進步，考驗蘇俄誠意，也是艾森豪對蘇俄攤牌。艾氏此一演說，具有歷史性。

4月18日　星期六

駐法公使代辦大使段茂瀾（觀海）由台南乘平等號火車，于本日午後五時十五分抵彰化。余與杭立武兄到彰化迎接，即至台中住鐵路飯店。晚七時余在沁園春招

待段氏晚餐，有立武、先良及李適生、顧志成作陪。

4月19日　星期日

　　杭立武兄夫婦招待段觀海公使午飯，約余及楊市長基先夫婦、朱麟夫婦（熊芷女士）、李適生、高惜冰等作陪。午後一時半楊市長夫婦陪余與段公使、李適生兄參觀西螺大橋，四時半回抵台中市，並在西螺大地主廖學崑家休息半小時。廖宅係用去三萬美金建築者，在日治時代每年收入有六、七萬美金，其土地之多可以想見。西螺大橋長二公里，遠東第一大橋，其建築工程、經費等已載本一月二十八日記中。陪段公使、李適生拜訪楊市長基先。楊夫人禮節周道，招待殷勤。高惜冰兄招待段公使晚餐，約余與杭立武、李適生及彰化紗廠同人作陪。惜冰係在美國習紡織的，主持彰化紗廠事宜。

4月20日　星期一

　　上午六時半起身，七時半到鐵路飯店與段公使一同乘平等號火車（八時二十分）。于十二時五十分抵台北，即到余宅午飯。

4月21日　星期二

　　段公使介紹其堂弟段一鳴于午後三時來晤。一鳴先習陸軍（軍校第八期），次學海軍，再學空軍，曾任海軍作戰處長，高雄港口副司令。現年四十二歲，精明強幹，為唯一的人身兼陸、海、空三軍出身的少壯軍人。他是海軍官校二十三年班，空軍官校第七期。

4月22日　星期三

段公使觀海將于廿四日午後起程，從日本、美國返回巴黎，今午後三時來辭行。余七十生日，雖無任何舉動，但何敬之、顧墨三、錢慕伊、蔣銘三諸友好還是來拜壽，余特于本日起分別回拜。吳國楨已辭去台灣省主席，余特拜訪，贊成他辭去主席職務，乃係明智行動。地方法院院長趙執中兄于午後六時招待余晚餐，意在為余壽補祝，有黃伯度、張慶楨、劉啟瑞、楊亮功諸夫婦及張宗良等在座。

4月23日　星期四

前在新疆任余任內保安司令部參謀長於達（憑遠）業已退役，現任農林公司協理。本晚過訪，談到失業軍官生活之艱難，有前任軍長李用章，有一位太太，四位兒女（三位讀中學，一位小學）。用章送報每月可收入六百元，太太採茶每月可收入三百元。其他失業者，可想而知。

4月24日　星期五

張志智、林繼庸、宋念慈、廣祿下午來晤。他們都在新疆任廳長、處長等職，吃過了盛前主席世才很大苦頭。不久以前，廣祿、世才彼此發生裂痕，雙方筆戰。盛指彼等過去都有共黨嫌疑，廣祿等十五人以盛如此說法，關係太大，上書本黨蔣總裁，請查明是非，總裁批交紀律委員會核辦。他們今日特來向余說明，請余主持公道。蓋盛氏一再于文字上與人批評，在盛亦屬不智之

舉也。余乃紀律委員會之一員，對此案當然秉公辦理，
在私人方面，希望和平了結。段公使茂瀾今晚九時起程
回任，經日本、美國飛返巴黎，余到機場送行。為合肥
同鄉前輩劉銘傳先生設立紀念館事，擬聯合台省人士發
啟。由余與許靜仁、楊亮功、金幼洲于本日（廿四日）
下午六時，在新中華酒家招待台省名流蔡焙火、丘念
台、許丙、黃國書、黃朝琴、黃純青（號晴園，七十九
歲）等晚餐。查在光復台灣初期，本已創立紀念館，因
日久無人管理，房屋破壞，地皮被人侵佔。本晚決定推
黃朝琴、蔡培火、楊亮功、金幼洲四人，會商台北市吳
市長三連，另組委員會，接收現在房產，一面計劃永久
辦法。今晚之會，尚稱滿意。查劉銘傳（省三）先生曾
擊敗侵台法國軍，建設台灣行省，不但功在台灣，確係
功在國家，實值得紀念也。

4 月 25 日　星期六

我的全家係民國三十八年四月廿五日午後，由上海
飛抵台北，至今日整整四年。光陰過得快，我們的前途
尚在未知之數，而生活日漸困難。查當年四月廿二日
夜，因江陰兵變，不得不放棄首都南京城。余當時在杭
州，與蔣總統開會，于廿三日由杭乘火車赴滬。只有廿
四日一天之準備，廿五日起飛，時間非常匆促。

4 月 26 日　星期日

郭部長寄嶠來談，我告他外面謠言你的位置有調動
之說，但你的軍事本能甚強，還是需要你的。他本人亦

有所聞。就各方情形觀察，可能成為事實。

4月27日　星期一

一、上午偕伯雄街中散步，久雨天晴，心身舒適。

二、下午四時出席中央銀行理事會。

三、下午五時出席區黨部第四次小組會議，討論優秀
　　黨員選拔辦法。何雪竹主席，借張岳軍寓所開會，
　　並備晚餐。

四、午後六時半行政法院馬院長壽華招待晚餐，意在為
　　余壽補祝，有寄嶠、立人、幼洲、伯度、琪瑞、
　　勻田、昆田、亮功等在座。

4月28日　星期二

　　趙執中、溫廣彝上午來談，關于安徽國民大會代表
聯誼會改選幹事，擬本星期日（五月三日）開會。吳國
楨午後過訪，說他任本省主席辭職之經過。又說為生活
問題，擬赴美國，註書在美出售，其夫人黃卓羣擬到美
國開畫展。端木鑄秋約余與彭醇士梅龍鎮飯館晚餐。

4月29日　星期三

　　下午四時半出席中央委員黨籍檢查小組第六次會，
此乃本小組末次會議。其不幸者，有前中委員不來登
記，當然不便發給黨證者，有已來登記，而中央認有犯
黨紀不發給黨證者。紛擾經年之整肅案諸同志，以不發
給黨證告一段落。主持中委黨籍檢查小組唐縱，因小組
圓滿結束，于本晚招待余等晚餐。

4 月 30 日　星期四

　　昨日天氣很暖，至八十餘度，熱得很難受。今晨落雨，天氣轉涼爽，很舒適。朱驪先（家驊）久病方愈，今來訪，暢論國際形勢。朱留學德國，深悉該國一切情形，認為該國將來仍是歐州大國，並且有力量大國。韓戰和談有進步，遺俘已無多問題，則韓國和平大有希望，這是與我們不利的。侵入老撾越共陷猛宋，法軍節節後退，鑾巴拉邦吃緊，東南亞已大受威脅。這也是共黨在韓談和平，在越取攻擊。

5月1日 星期五

蘇俄和平攻勢多方發動，國防部長布加寧于勞動節演說：「蘇俄相信，只要具有善意和合理辦法，所有國際歧見，皆可用和平方法，獲得解決。」

5月2日 星期六

上午十時出席總統府月會，蔣總統親臨主持。國防部長郭寄嶠報告軍事，很有內容。寄嶠因余七十壽雖過，特予補祝。今晚七時招待晚餐，並約同鄉史尚寬、徐鼎（建青）、黃伯度、杭立武、孫立人、馬壽華、周昆田、劉琪瑞等作陪。

5月3日 星期日

老友于右任老先生，陰三月廿日（今日）七十晉五生日。余上午八時偕庸叔到于家祝壽，于先生精神飽滿。午後三時，假地方法院會議室舉行本省國大代表聯誼會，商討改選出席國大代表全國聯誼會幹事，及本省國大聯誼會幹事事宜，用無記名票。汪祖華、鐘鼎文、李國彝、王子步、謝麟書、常法毅六人全國聯誼會幹事，吳忠信、張宗良、趙執中、湯志先、盧熟競、吳兆棠、胡鍾吾、葛曉東、王子貞九人當本省聯誼會幹事，並推余本省幹事會主任，溫廣彝幹事會秘書。至四時半圓滿散會。

5月4日 星期一

上午九時接見斯頌熙君。斯浙江人，中央政校畢

業，曾任駐荷蘭大使一等秘書。十一時接見胡宗鐸兄
（號今予，湖北人），曾在廣西統兵，任軍長等職。暢
論李德鄰在大陸之失敗，是不懂政治，不學無術。午後
三時出席紀律委員會，討論廣祿等十五人檢舉盛世才禍
國殘民、誣蔑政府，違反國家反共抗俄國第一案。經各
委員發言，均認為有犯黨紀，應予處分。今日不作決
議，請各委員加以考慮，下次會再提出。

5 月 5 日　星期二

　　七屆二中全會在草山實踐研究院大禮堂揭幕，蔣總
裁親臨主持，並即席致辭。對黨內先進表示敬意，對中
央幹部多所指示，剴切指示，真正要做重建本黨的基本
工作，培養科學化、組織化、制度化。至十一時十分
詞畢，接開預備會議，推舉大會主席團。接開第一次大
會，張秘書長向大會報告黨務工作，大意戰鬥體制三措
施已具規模，今後將進一步恢宏擴展。午後三時列席第
二次大會，行政院長陳誠報告施政，認復國、建國、精
神、力量為一切施政根本。五時報告完畢後，對于黨務
報告、政治報告詢問。

5 月 6 日　星期三

　　上午九時出席二中全會政治組審查會。十一時半完
畢，遂即下山，下午休息。李石曾先生由巴黎經紐約，
于五月四日中午飛抵台北，參加二中全會。據云申叔在
巴黎已覓得住屋，一切甚好，聞之快慰。

5月7日　星期四

上午九時參加二中全會第三次大會，通過「加強黨的基礎綱要」、「建立反共救國聯合戰線」二案。下午三時參加第四次大會，通過施政報告及黨務報告決議文、召開國民大會及中央黨務委員連任等案。下午四時全部提案討論完畢，全體攝影，以留紀念。遂即舉行閉幕式，總裁親臨致訓。六時三十分散會，總裁招待同人晚餐，餐後大禮堂看美原子彈轟炸日本廣島電影。余無汽車，此次在草山歷時三天大會，往來都承何敬之兄親自接送。何在草山有住屋二間，內有溫泉，每日午飯後此地休息，深感何先生的盛意。

5月8日　星期五

上午偕金幼洲訪蔡培火先生，催促有關于劉銘傳先生紀念館，從速進行。午後回看林繼庸、吳澤湘、上官雲相（紀青）、胡宗鐸（今予）。林係化學專家，吳是專門外交，上官與胡都是過去大軍官。午後四時到中山堂看陳方（芷町）兄畫展。連日米價上漲，已至一百八十元一石。但台灣米不是有無問題，乃是辦理不善的結果。台灣是有名產米區，今將經濟上最有把握米鬧到如此地步，表現政府無能，良可嘆也。

5月9日　星期六

庸叔在台灣大學讀書，麗安決定移居台北就近照料，現擬覓住所。為防空起見，自以在市外又能接近學校為宜，故今日上午偕伯雄羅斯福路四段公館，及市區

外新店、木柵等處考察，順便訪住在木柵友人鄧鵬九兄。今午後收到五月三日馴叔發來信云，段茂瀾公使偕其公子，于三日上午十一時由芝加哥到達香檳（馴的住處），全家到車站接送，請段吃午飯。午後六時車，段回芝加哥。段非常客氣，遠道來訪，深為感激。

5 月 10 日　星期日

近日三日天晴日暖，特將申叔畫譜以及作品取出，予以日晒。上午偕昆田訪青海諸友人。

5 月 11 日　星期一

上午到台灣大學醫院看吳稚老病，已能起床，惟小便仍不能暢通。又到中心診所看李君佩（文範）病，他右腿施行手術，鋸去一段，已經三月，其傷口日漸痊愈，惟氣衰體瘦。李與余同年，以七十高齡用大手術，當然復元遲緩。

5 月 12 日　星期二

午後五時至台北賓館出席小組會議，推余主席。討論賈景德同志調查教育及教科書情形，經二小時之久。以賈的報告為基本，將各同志發言總合報告中央，其結論請中央召集教育檢討會議。七時散會，由余在賓館招待晚餐，計有賈景德、張羣、吳鐵臣、何雪竹、何應欽、陳伯蘭、羅才榮、徐永昌等。青年黨中立者劉士英來談該黨團結事。本日致申叔親筆一函。

5月13日　星期三

上午九時回拜蕭吉珊兄，並遇見泰國華僑雲竹亭兄。雲現任中央評議委員、僑務委員會委員、泰國中華會館理事長。雲深信佛教，彼此交談，甚為合式。余特送班禪大師舍利子一粒、護身符一個、紅教大德以藥品製成之護身佛一尊。到板橋訪張元夫兄，因他曾借古畫與申叔作畫參考，特向張道謝。下午在許靜老家與幼洲、亮功、木軒、隱柔商量劉銘傳前輩紀念堂事。錢慕尹招待晚餐，有緯國、墨三、楚箴等，並有惟仁與蔣、居老太太等。

5月14日　星期四

本日收到申叔五、四函，大意：已于上月十日搬出使館，我到一小間房子（五樓，學校區），在巴黎第五區，是一家公寓，連吃飯每月五萬法朗，星期日沒有飯吃。已開始讀法、英文，在兩家語言學校上課。二十三日進入巴黎大學法學院，已領到學生證，隨時可去聽課。畫家方君壁同我住樓上下，他是樹人先生好友，有樹人先生四、五張精品，現正習素描，由方先生協助（函意預備入美術高等學院）。一搬畫家認為申叔的作品在巴黎可數第一，當然不能與油畫鬥爭。前在香港借陳先生三千港紙，已由馴姐寄還，陳已有回信。李石曾先生午後過訪，余道謝他夫婦在法國關照申叔。李云將于月內赴美。李又云前次在評議委員會說，本黨國民黨，國際間譯成國家主義的，與本黨很大的妨害，要我再向總裁進言。

5月15日　星期五

　　乘上午九時車回台中，與李適生同車。李暢論美國
科學進步，農業科學化的情形，我們中國與美國之比
較，要相差五十年以上。這是通都大邑，其他窮鄉相
差，何只五十年而已哉。

5月16日　星期六

　　近日的天氣忽見日光出現，忽而陰雲密佈，忽而豪
雨不停，令人大感不便，穿夏衣怕涼，穿冬衣怕熱。逢
到這種惡劣氣候很容易生病的，因此麗安近來腹瀉、發
熱已數日矣。

5月17日　星期日

補錄申叔出洋之經過

　　民國卅九年春，即擬使申叔出洋留學。適政府中學
生不得出國留學之議，乃檢附申叔繪畫二十幀，送請教
育部，准以天才畫家資格出國深造。經發交師範學院藝
術系審查結果，認為確係可造天才，方得教育部核准，
于是領得赴美護照。乃以身體不及格，未獲美使館簽，
經一年餘，不克成行。旋以申叔習美術，以赴法國深造
較為適宜，乃改變計劃，赴法留學。經多方接洽，于
四十一年五月領得赴法護照後，將一切手續辦理齊全，
預計九月可以成行。又逢中央規定中學生出國須受預備
軍士訓練四個月，以身體檢查不及格，免予軍訓。延至
四十二年一月，方得再向教育部申請准予出境，于二月
十日奉准後，即向法領館再行簽證（因以前簽證業已過

期）。並于二月十七日依照規定申請役男出境許可，當
覓得大陸車行為保證人，並請鄰、里、區長蓋章後，送
由台北市軍事科層轉市政府民政廳、省政府等核准，于
三月九日發給許可證。繼向保安司令部申請發給出境證
時，因申叔係公教人員眷屬，須由原服務機關（即總統
府）出具證明書，致延擱三天。再以教育公文內所述
「左」、「右」肺部含義不清，及病已較痊，應否補訓
二問題，致糾纏一星期之久。經教部向保安司令部解釋
（已載三月中旬日記），終于克服一切困難，十八日領
得保安司令部出境證後，即于三月廿二日晨九時搭民航
隊機飛港。費時三年出國留學，乃得實現。

　　余年七十矣，一生經辦事件不計其數，未有如辦理
申叔出國不可思義週折與不可思義之煩神者。也是申叔
命途多舛，今後申叔成敗利鈍，要看他命運如何耳。

5月18日　星期一

　　物必先腐，而後蟲生，古今中外內部不團結而失敗
者，比比皆是也。例如日本自由黨首領吉田一連四任內
閣總理，不久以前，忽與內部鳩山派發生裂痕。吉田解
散國會，重新選舉結果，自由黨不是絕對多數。迨新國
會成立，四主要反對黨協議聯合行動，選出正副議長，
擊敗第一大黨自由黨。因此日本政治新風暴，已在議會
出現。四反對黨決組聯合運動同盟，控制國會，繼任內
閣，難求穩定。今後日本必意見紛歧，無法統一，前途
未可樂觀。

5 月 19 日　星期二

顧志成兄過訪，談他設蔴廠事，留午飯。飯後陪顧訪仲浮山、沈之萬、李適生諸兄。

5 月 20 日　星期三

今晨偕李志獻出外散步，並順便訪彭醇士、顧耕野等，至十二時回寓。來往都是步行，約十多里，不覺疲困，由此證明余身體尚可支持相當歲月。

5 月 21 日　星期四

近二日天放晴、氣候熱。整理民國二十五年日記，惟記憶力不好，只得寫一日算一日，寫多少算多少。寫總比不寫好，也可藉此消遣，更可回想當時的得失，加以返省。

5 月 22 日　星期五

庸叔本晚回台中，沒有什麼事，星期日就要返台北了。

5 月 23 日　星期六

上午十時到杭立武兄家，忽大雨。余來往都是步行，且在雨中歸來，不覺為苦，精神甚佳。以近年身體而論，以現在為最好。

5 月 24 日　星期日

前古巴大使鄭震宇過訪，于午後七時約在沁園春小

吃（來往都是步行），先良作陪。他是肯做事人，現在閒居，難免牢騷。我勸他少說話，勿牢騷，趁此時機多讀書，多研究。

5月25日至28日　星期一至四
【無記載】

5月29日　星期五

接連數日，因無事，故沒有記載。除往返看看在台中朋友們外，就是看報、看書，頗覺清閒。值此大時代，如此清閒，不是我不想努力，苦無機會耳。韓戰和談忽冷、忽熱、忽緊、忽鬆，令人難測。英國從中操縱，印度隨其後，美國內部意見亦不一致，給共產黨很多拖延機會。現在韓國通知聯合國統帥部，強調決心抵制停戰談判，除非將新建議撤回，作修改，最痛快激烈反英，要求不列顛自韓撤軍。大韓民國總統李承晚真具有革命精神。

5月30日　星期六

麗安今晨赴台北，他因庸叔兒在台灣大學讀書，年前擬將台中寓所遷台北，因房屋關係拖延迄今，現在決定遷移，故今晨赴台北看屋。我是不贊成遷台北者，但麗既一定要遷，我亦只有順應自然而已。庸叔過去一年來住和平東路家中，頗為合式，且距台灣大學甚近，往來上課，亟為方便。光叔兒在台中市省立第二中學高中一年級讀書，非常順利，既搬家，只有暑假中另考台北

學校。我們住台中市已四年之久，人地相宜，且台中氣候較台灣任何地方溫和幽靜，于我四年來修養身心，有極大幫助，收獲良多，今一旦離去，有留連難捨之感。

關于台北覓屋致伯雄兩封信
第一封

廿七日賜書敬悉。踏看住屋，要一切合理想是很不容易一件事。蓋大屋要用人多，捐稅等等開支大，我們無此力量，且亦不需要此種大屋。如屋過小，又不合用，有高不成低不就之感。自來水等等固屬需要，但防空與平時居住安全，亦應予以相當注意。我對于覓屋確無成見，只要庸叔母子等合宜可矣。

第二封

庸叔來函閱悉。房屋覓定後，如修理、佈置我可供獻一點意見作參考。請注意不要使裕台公司（下段說公司事）感覺太麻煩，更不要使裕台公司感覺我們意見多。請你們多看幾處，然後麗安來選擇。

余家于卅八年四月廿五日從上海飛抵台北，事先未及準備住所，下機後人地生疏，無處容身，亟為狼狽。承黨部財務委員會朱國材諸青年同志熱情，由黨營事業之興台公司，準備台中市西區模範巷一號房屋，請余居住。余家即于是年五月十二日，由台北來台中。此屋產權屬于青菓公司，由興台公司（總經理祝麟）以黃金六兩作押租，向青菓公司租賃者。租期兩年，不准轉

租，每月租金由余家負擔（現在每月租金台幣二百六十元）。後來興台公司改為裕台公司，此乃租房之經過情形也。迨青菓公司出賣此屋，居住人有承購優先權，余不願討此便宜，並認為原始黨營事業出面承租者，故將此屋交給裕台公司，請裕台在台北代我另覓住屋。裕台現擬將此屋以新台幣五萬八千元，讓頂台中防守司令部劉司令玉章。這是我幫助裕台公司以六兩黃金押租換一筆財產，這也我做人與對黨應該如此也。現在正由裕台與劉司令在台北辦理頂讓手續。此屋在台中西區有名建築，工堅料實，在日本房屋中構圖甚合理想。我們何幸住此優良房屋，我們家人應該知足，想象沒有房屋住的人，將如之何。

5月31日　星期日

韓國代總理卞榮泰宣稱，任何外軍入韓監俘，韓將被迫武力阻擋。共黨亦拒絕聯合國新提案。這樣情形，韓戰和談又發生很大障礙。韓戰于最近二十四小時內，共軍放十萬發砲彈，超過歷來韓戰期中共軍最高記錄，從前最高六萬發。由此可知共軍力量增強，這亦是和談期間陸續增強的。聯軍怕打仗，急求和，其夢想可以醒罷。大凡一個團體內部不團結，其演變由磨擦搗亂，乃至利用一切外人（如敵人、仇人、外國人），則一切外人乘機侵入分化、操縱。其結果，這個團體一定失敗，甚至火併，影響國家民族。所謂「物必先腐，而後蟲生，國必自伐，然後人伐之」。

6月1日　星期一

麗安午後由台北回來。據云看過許多房屋，難合理想。惟有信義路四段，新建西式平屋五間，工料雖差，尚可居住，但賣價須六萬元云云。經與李先良兄研究，買價如此，還要買主出各種稅約百分之三十。因此台中一號頂費只有五萬八千，不夠買此房屋，而裕台公司除此數以外，無法籌款。當即將此情電告伯雄，轉告裕台。此間防守劉司令官玉章本晚偕陳固亭、王孔章過訪。劉氏暢談自連排長起至軍長，身經百戰，迭次負傷，以及治軍情形。余認為劉氏確是軍人本色，忠黨愛國，智勇兼全，而反攻大陸，正需要此等有聲有色的將領。

6月2日　星期二

沈成章兄今晨過訪。他在軍政界數十年，係海軍出身，久任海軍將領，對于外交與外交禮節甚為熟習。他說中國對外人禮貌，時有太過、不及，往往遺笑大方。沈談到現在政治，如不澈底覺悟改進，則反攻大陸很難。

6月3日　星期三

雷德福于昨日午後四時飛抵台北，作一年一次的第三次（美在台灣軍事歸雷管制）訪問自由中國。查雷德福現任美國太平洋總司令，即將于本年八月接任參謀首長聯席會議主席，這是美國軍事地位崇高唯一大員。此次訪台，當然研究台灣將來攻守大計，其範圍廣，意義

深，自不待言，並定于本週末接束此行。雷氏除台灣軍
事問題外，可能搜集我國政治、外交等方面意見，俾于
返美後，作美國今後擬具政策時之參考。

6月4日　星期四

　　午後偕杭立武兄參觀中央博物院（即故宮博物
館），其古物字畫等約八千箱，都是歷史、文化有關的
國粹。據立武云，尚有數千箱在大陸未能搬出，未免可
惜。余因時間短促，目不及睹，只得留將來再行觀賞。
該館職員多係服務二十年以上者，待遇甚苦。而中央祇
知古物重要，忽略這個機關之重要，更忽略保管之重
要。如想保管確實無損，必須增加款項。

6月5日　星期五

　　美國參議院決議，不容中共入聯合國，兩黨議員全
體通過，無一異議。此案先在美總統艾森豪同意下，然
後通過者。雖然美國有此決心，倘聯合國多數投票通
過，美國仍無其他方法。

6月6日　星期六

　　偕麗安乘上午八時十分平等號往台北，此行專為台
中寓所遷台北房屋問題。午後偕麗安、伯雄看信義路四
段他們已經看過久如新村房屋，該屋可以居住，最好有
抽水廁所，最有問題是違章建築。擬日內與裕台公司胡
董事長、洪總理面談。晚間寄嶠來談一般軍事情形。郭
迭次主張台中寓遷台北，應在郊外遠處覓屋，以防將來

空襲。

6月7日　星期日

今日天雨，未及出門。本日收到申叔上月卅日來函，報告法國政黨情形。法國有華僑二千人、學生一百人。多數畫家感新派畫家是美術反常，留法中國西畫家回頭研究國畫，但我國對美術不懂提倡，缺少宣傳。

6月8日　星期一

一、上午到景美看屋，不合居住。就防空上言，景美地位較市內好多矣。

二、到裕台公司訪胡董事長家鳳、洪總經理範馳，談信義路房屋。他二人意思誠懇，我所注意地方，他二人早經注及。

三、訪金幼洲兄談劉銘傳紀念事，余堅決主張對于現在破壞紀念館，我們無法接收，應復政府接收。

四、故友杜月笙兄（國大代表）靈櫬安厝事，組織安厝委員。下午四時在裝甲軍官俱樂部開會，余前往參加。決定本月廿八日上午九時至十一時在極樂殯儀館公祭，十一時出殯，下午一時在汐止墓地安厝。

6月9日　星期二

午後五時至徐次辰家出席第七次小組會議，討論「反共救國會議召開應有之準備」，各同志都有發言。余之意見，應先求內部意見之一致，一面要使人家對我們相信。

6月10日　星期三

　　上午到中和鄉看屋，房屋很多地勢較低，麗安不歡喜該處。並訪韓楚箴兄。午後八時偕庸叔至中山堂，參加本區黨部六月份同樂晚會（係反共話劇）。韓境停戰談判代表，經過十七個月爭持，同意不強迫遣俘，簽定換俘協定。韓總統李承晚向美軍發表沉痛演說，匪軍留在韓國，誓不接受任何停戰協定。韓國人民奔走呼號，反對妥協停戰，有七百萬人遊行示威，呼籲聯合國勿出賣韓國。瑞士堅守中立立場，如韓國不批准停戰協定，瑞士拒參加遣俘五國委員會。韓國再警告，假使印度軍入境（監俘），南韓一定對之宣戰。韓國李總統與人民愛國的精神，實在令人佩服，倘聯合國施以壓力，亦難免屈服。

6月11日　星期四

　　本日復申叔函大意：「望一切以身體為本。素描乃繪畫一切基本。許多留法前輩說，中國人取外國太太，高興一時，最後惡化，決無結果。張曉峯擬在中國一週登你作品，你如贊同，再與接洽。我上月下旬看故宮古畫，美不勝舉。李先生已赴美國。」本日（十一日）午接到少宮、馴叔五日來信稱，六月三日晨五時（美國時間）產一男孩，重七磅三安士，請余提名。聞之非常歡喜，當即命名子久，仍囑少宮、馴叔商酌決定。查子久之來歷，元朝唯一大畫家黃公望（亦名堅），字子久，又號大痴道人，或曰其父九十始得之，曰：「黃公望子久矣」，因名字焉。黃氏山水師董、巨，晚年自成

一家，而格法實從寫生中得來。居富春山，領略江上釣灘之概，居常熟，探閱虞山朝暮之變幻。其畫山水淺絳設色，多青綠水墨者。少作淺絳色者，山頭多礬石，筆勢雄偉。作水墨者。皴紋極少，筆意尤為簡遠。所繪千丘萬壑。重巒疊嶂，愈出而愈無窮。在元朝當時已為四大家之冠（黃子久、王蒙、吳鎮、倪瓚），在後世尤為不祧之祖。自董其昌而後，王時敏、王鑑、王原祁輩，無不拜伏于公望門下。清朝山水幾乎家家一峰，人人大痴，勢力之大，至今未已（子久號一峰）。又因大外甥名子美，故亦以子字輩命名，亦較通俗，所以名子久之來歷。黃子久應神童科，經史九流無不通曉，年八十六而終。

6 月 12 日　星期五

中午十二時三十分，蔣總裁在台北賓館約評議委員會談，並午餐，余準時前往參加。席間由張秘長報告黨員總檢查經過情形，嗣總裁詢問韓國停戰的意見。

6 月 13 日　星期六

晨九時到蔣家，因緯國十五日飛美，入參謀指揮校深造，須一年後回國。余因即將回台中，故今晨預為送行。適緯國已外出，遂將余意告伊母，請轉告緯國有：一、此次出國，公私都好；二、保重身體；三、將來續娶太太，應特別注意。信義路四段久如新村李崑岡新建房屋，已為裕台公司以五萬五千元台幣，議定成交，為余台中寓所移來台北居住。此新屋係違章建築，地勢

甚低，工程簡單，雖屬疏散區，究非防空妥當地點。我
不願住此屋，但麗安堅決看重此屋，我亦無法勉強。而
裕台公司因尊重吾人意旨，非出自內心情願購買者。我
始終不願離開台中的，就是我的朋友都不贊成離開台中
的。其理由，台中非空襲目標，台中氣候好，適于年老
人居住，台中可以避免政治紛擾，于余修養十分相宜。
然麗安既決意移台北，不聽余勸止，惟有聽其自然耳。
本日（十三日）午後偕麗安乘平等號回台中，到彰化換
汽車抵台中。車中人多，天氣熱，又落雨，很不舒適。

6月14日　星期日
　　【無記載】

6月15日　星期一
　　連日陰雨，物價飛漲，今日忽放晴。適值端陽佳
節，但一般公教人員生活困難，情緒不佳，對于過節不
如往年之熱鬧。余推測明年端陽，一般經濟情況必較今
年更壞。同鄉魏壽永（北鷗）、潘澤雲、王敬之等來拜
節，他們對當前經濟多顧慮。

6月16日　星期二
　　俟光叔七月初旬第二中學放暑假，即移家台北。今
日特整理書報，以備帶往台北。

6月17日　星期三
　　彭醇士既有肺病，近日又氣喘，余上午特去訪問，
身體大不如前。又訪問老同志孫鏡亞兄，貧病交加，余

無以為助,空表同情而已。余來往都在烈日下步行,尚
不覺苦。依照當前身體,較過去三年大有進步,倘能隨
時注意慎風寒、節飲食、不生疾病,則雖年屆古稀,自
信仍可為大眾服務。

6 月 18 日　星期四

　　午後七時約同鄉施副司令中誠、張司令載宇、尹總
隊長學謙(裝甲兵)、徐院長學純四位夫婦晚飯,因余
家即將搬台北,感謝他們過去照料台中寓所之故也。又
同鄉鄭署長為元八時過訪,鄭與載宇均係最近在國防
大學畢業,鄭考取第一名。施副司令年齡較長,閱歷甚
深,其他張、尹、徐、鄭四位都是同鄉中少壯有為之人
才,余有厚望焉。

6 月 19 日　星期五

　　韓國總統李承晚昨日下令釋放反共韓俘,已釋出二
萬五千人。聯軍總部指責韓國抗命釋放韓俘,宣佈脫逃
已有九十名被抓回。釋放非共韓俘,韓人遊行歡呼。韓
憲兵部向人民警告,勿助聯軍抓回韓俘。英首相邱吉爾
認為釋放韓俘事態甚嚴重,日本東京人士極感焦慮。釋
放韓俘,將危害聯合國從事解決韓國問題,阻擾停戰協
定簽字。瑞士將考慮是否接受監俘工作,瑞典對監俘取
觀望態度,印度原擬監俘派印軍五千,竟言派一師。

6 月 20 日　星期六

　　老朋友戢翼翹兄(勁成,湖北房縣人)今晨過訪。

當辛亥革命時，余任首都警察總監，戢任第七師旅長。戢談到民國元年元旦拂曉（大約晨三時），我二人參加孫先生就任中華民國大總統時盛況，深感當時參加大典朋友們，多已物故，吾二人尚在人世，不勝有今昔之感。戢說只希望回大陸，並以八個字自修：「少聞、不問、養心、建身」，余亦說自修六個字：「不欺人、不欺己」，彼此暢談甚快。韓總統李承晚覆美總統艾森豪函，重申反對停戰決心，聯合國未達原有之目標，即已止步，韓國決不接受死亡停戰條件云云。共黨指責美國破壞諾言，縱容韓國釋俘。李承晚採斷然態度，使世界震驚。倘韓國接受停戰條件，韓國亡，不如不接受而奮鬥。以七十八歲高年李總統，有此不折不撓偉大愛國之精神，可為偉大英雄人物。東柏林反共示威蔓延東德各大城市，俄軍坦克出動殺傷人民，示威群眾極端憤怒，焚毀史達林畫像。西方外交家分析，認為是蘇俄及其附庸國全面不安徵候。

6月21日　星期日

陳峻峯（泮嶺）于上九時陪李炳南、傅立平兩兄過訪。炳南現年六十五歲，看來如五十歲，深通儒、釋、道三教，很有根底，彼此交換教義十分接近。余比擬炳南佛學多從根本上用功得來的，如同正規軍，余之佛學多從領悟經驗得來的，如同遊擊隊，但二者只要精進都可成佛。炳南久任孔奉祠官德成秘書，德成文字多出于炳南手筆。計談二小時半而散。裝甲兵處長張廣勛午後來見。

6 月 22 日　星期一

　　韓總統李承晚撰文檢討美韓關係，認為韓人一再受歧視。美國停戰不啻對匪徒作可恥投降，希望美韓締結防禦協定，消釋韓人疑慮。李承晚總統毅然釋放反共戰俘，大刀闊斧，正氣逼人，不同凡響。西哲有言：「若要國家臻於郅治，除非國王是哲學家，否則只有哲學家是國王。」李是早年在美習哲學，並得博士學位，可算是哲學家總統。所謂哲學家者，是有崇高理想、過人膽識、公而無私、造福人類，中國歷代賢君名相，都是此類人物。

6 月 23 日　星期二

　　老同志老朋友李文範（君佩）先生于今晨（二十三）一時，因心臟衰弱、痰阻呼吸逝世。李先生今年適屆七十大慶，壽辰為農曆九月初二日，即國曆十月九日。李先生于去年右腿患動脈阻塞症，去年十一月進中心診所診治，鋸去右腿（余數次前往醫院慰問），至今年六月八日始離院返家。回憶國民政府在重慶時，某日國府舉行紀念週時，與余等站在一行同志們互問年齡，有蔣作賓（雨岩）、林雲陔、陳樹人及李與余五人，都是同年同志。今者他們四位都先我仙遊，獨我一人尚存，深感對于未來公私前途，惶悚萬分。

6 月 24 日　星期三

　　台北電話，李君佩先生擬明（廿五）上午八時半大殮，九時舉行公祭，十一時移靈火葬。余是治喪委員會

委員之一員，理應親往台北襄理喪事，只因天氣太熱，精神不振，家人多主張勿往，特託曾伯雄老弟代表簽名弔唁。君佩先生無子，只有一女在身邊。聞其夫人尚在香港，未能趕到。

6月25日　星期四

上午訪老同志徐忍茹、孫鐵人兩位老同志，徐年七十一，孫年七十三。孫貧病交加，住屋簡陋，情形非常狼狽，生活甚為困苦，余擬代向中央說話。孫鐵人兄在上海環龍路四十四號本黨總部辦事時間很久，至民十五年始離四十四號總機關，嗣在黨史會服務至今。如此清苦，無限同情。

6月26日　星期五

昨日係韓戰三週年，李承晚總統慷慨陳詞，必須向匪攤牌，保全領土主權完整，呼籲韓人貫澈精神，堅定前進。李下令組織戰時內閣，美國多方向韓設法緩和，英國則主張對韓施以壓力。

6月27日　星期六

上午訪白雲梯（巨川）、賈果伯諸友，告以即遷台北。

6月28日　星期日

上午偕光叔訪第二中學校長羅人杰先生，告以余家放暑假後遷台北，道謝學校諸先生教育庸叔（在該校高

中畢業）、光叔云云。羅校長說光叔驕傲有痹氣。羅先生能當面說我兒子短處，我不但十二分誠意接受，深佩羅先生爽直。世人多不願說人家兒子短處，為父母者，更不願聽說他兒子不好。鄭景範令弟擎一與施中誠姪女依蕙，本日（廿八）午後四時在成功路文化食堂舉行結婚典禮，請余證婚，余準時前往。男方係浙江慈谿縣人，交大畢業，女係安徽桐城縣人，中學畢業。典禮後攝影。

6 月 29 日　星期一

七五高齡仲浮山老先生，善長文學，尤善書法。前由余介紹顧志成兄購仲所書立軸一幅，顧與仲都是蘇州同鄉。顧今晨特送仲五百元，託余轉交，以表敬老之意。六十七齡老財政家賈士毅（果伯）過談，暢論過去、現在中國財政。余力主一切應以人民為重，以社會、經濟為最高目標。午後同鄉劉和鼎（波鳴）、魏壽永（北鷗）、李慶廖（適生）、黃金鰲（冠宇）四位過訪，因余即將移居台北，特攝影以留紀念。劉司令玉章將住余現在所住模範巷一號，午後特來告，慢慢遷移，不必過急。甚感劉之雅意。

6 月 30 日　星期二

各方友好聞余將遷台北，紛紛擬為余餞行，余一律辭謝。

7月1日　星期三

聯軍統帥克拉克將軍致共黨統帥驚人函件，捕回韓俘已不可能（二萬五千名左右），促定期簽定停戰協定。共匪對克拉克函件表示不滿，堅決要求捕回戰俘。台北電話，馴叔來函，少宮婿應俄亥俄州大學之聘教書，即將由伊利諾移居俄亥俄。聞之非常快慰，如此不但生活安定，學問亦可進步。

7月2日　星期四

謝壽康（號次彭）由彭醇士介紹來訪。謝久任梵地岡教廷大使，在法國時間久。曹啟文晚間過訪。甘肅人，曾任酒泉專員、甘肅省參議會議長，現任監察院委員。

7月3日　星期五

李先良兄因余將遷台北，一再約余吃飯。情不可卻，故今午先良家午飯，有麗安、光叔及仲浮山、沈之萬兩位老先生。凡有學問與功名之虛聲者，若無修養，而又積極投機取巧，爭權奪利，必定闖禍，甚至生命不保。

7月4日　星期六

余本定今晨八時十分平等號赴台北，因颱風大雨作罷。據氣象台報告：「克蒂颱風昨晚十時左右，中心在花蓮登陸，最大風速每秒六十公尺。十二時翻越中央山脈，于今晨（四日）一時許達西部，盤旋台中、花蓮

間，繼于四時左右進抵新竹境而入海西去。」查台中市昨日上午天晴，碧空無雲，午後三時開始天氣轉陰，風勢驟起，愈晚風力愈緊，飛沙走石，門窗屋瓦搖動。至四日晨二時，強烈颱風挾著陣陣傾盆大雨降臨台中市。至四日下午三時許，風勢稍停，豪雨告歇。在數小時巨風雨中，不堅固房屋很多吹倒，自來水、電燈、電話俱斷，樹木折斷所在皆是。吾人來台係第一次領教颱風，深信日式房屋，對于禦颱風與地震有充分之作用。災情最重是花蓮。

7月5日　星期日

台中寓所擬俟光叔本月十日考畢後，即于十一日全家移台北。余于今晨八時十分乘平等號先赴台北，李先良、尹學謙、張載宇、許學純到車站送行。因余今日赴台北知之者甚少，故託張載宇代向劉司令玉章等辭行，又留書楊市長基先告辭。車中遇聯勤第二補給分區司令部科長葉國楨（號以誠，福建人）、陳建（號少韜，廣東人）。葉、陳兩科長都是張載宇部屬，載宇囑葉、陳車中照料。又遇省立第二中學教務主任吳耀（號光祖，江北人）、省立台中農業職業學校校長唐秉玄（號又玄，江北人）。葉、陳、吳、唐四位均中年做事最好時代。葉、唐兩科長都是軍需上校。午後宜蘭縣警察局長傅維新（仿岩）陪同嘉義警察局長李道和來訪。道和係合肥李府老二房後人，係李家偉的姪輩，此人老成練達。

7月6日　星期一

英國兩翼後斜的噴氣戰鬥機一架，五日（昨日）以十九分五點六秒，自倫敦飛抵巴黎，打破以往飛行記錄。中國科學十分落伍，普通飛機尚不能造。

7月7日　星期二

上午十時偕伯雄、庸叔及木工到信義路四段新屋，計劃工友住小屋，及裝沙窗、沙門等等工程。

7月8日　星期三

午後五時卅分至何宅出席小組會議，何敬之主席。研究糧食問題，均認為必須集中糧食，不贊成計口授糧。余主張現在不是計口授糧機會，應先將此次糧食風潮安定，然後再將已規定耕者其田辦理完畢，再看以後情形。否則當前實施計口授糧，可能失敗，影響大局。大家一致贊成，並推舉小組長張岳軍向總裁報告。

7月9日　星期四

最近東歐附庸諸國罷工反抗運動，尤其在德群眾大遊行，使蘇俄向東德工人妥協，釋放反共群眾。這是證明共產集權終必失敗之預兆，中國命運，還是要自己奮鬥。郭部長七七陸軍節告三軍書有：「進步是勝利的保證，團結是成功保證」。這是很準確的話，也是我一向所主張。

7 月 10 日　星期五

余紀忠世兄因我本年七十歲，今午招待午餐，有道鄰、崇年、彥龍、崇信、西谷、功亮、伯雄等在座，未免太花費了。午後三時出席紀律委員會。

7 月 11 日　星期六

台中寓今日移台北，行李家□等由劉司令玉章搬家車，台中回台北之便代為搬運，謝應新、李志獻二人壓運。麗安與光叔乘火車于中午抵台北車站，台中友人李先良、巫建章、劉志平、張載宇、許學純、顧志成夫婦及黃金鰲、魏北鷗等均到車站為麗安送行，至深感謝。

俄共內鬨揭開序幕

特務頭子貝利亞被馬倫可夫整肅。

莫斯科宣佈貝利亞罪狀，圖為外國資本主義利益，暗中破壞國家，謀置內政部職權于俄黨政之上，為俄國人民及黨的敵人。俄國政府決議有：「一、免去貝利亞第一副主席及內政部長兩項職務；二、貝利亞罪行及判國行動，交由俄國最高法院處理。」

惡魔貝利亞鬥人反被人鬥，俄國過去特務頭子均無好結果，今貝利亞亦蹈覆轍，走上死亡之途。獨裁政權逢到繼承，一定會發生血腥的鬥爭，這是蘇俄巨頭開端爭權。雖是馬林可夫步上獨裁寶座的一大勝利，必定繼續整肅，內部大感不安。此次馬林可夫用軍人支持打倒貝利亞，從此軍人干政，最後軍人火併，同歸于盡。

7月12日　星期日

昨日上午張秘書長曉峯過訪，據云：「中央黨部紀律委員會主任委員李君佩先生去世，所遺主委一席，總裁擬請禮卿先生繼任。」余以不慣擔任力辭之，並推現任副主委洪蘭友兄繼任云云。午後蘭友兄過談，促余擔任，並說一定負責幫助，余仍力辭。

7月13日　星期一

俄國新的政權對于東德處于進退維谷之境，如果繼續採用高壓政策，或許促成更大暴動，而助長德國統一運動，可能將來重建起一個強力德國。如果讓步，而改取溫和政策，又可能在俄國統治範圍內附庸國引起更多新的不安。俄國在這種逆境中，繼續統治東德之危險，目前除讓步外，再也沒有比較更好的辦法了。

7月14日　星期二

這幾天氣非常的熱，夜間尚風涼。

7月15日　星期三

上午端木鑄秋來談，他說張秘書長要他勸我就紀律委員會主任委員，我仍力辭。最後端木假定總裁命令發表怎樣辦。答曰只有服從。其談話結論，由端木告張秘書長勿提出，萬一發表，只有服從。

7月16日　星期四

台灣以陽曆七、八月為最熱，近日通常溫度在九十

四、五度之間。麗安為人優點很多，但多疑、偏見、氣量小、嘴尖克是其處世接物最吃虧的。我與他時常發生不愉快事件，其原因即在此。

7 月 17 日　星期五

午後四時出席中央銀行理事會議，討論整頓附屬造幣廠、印紙廠。

7 月 18 日　星期六

中央來函，總裁交議，中央常務會議第四十七次會議決議通過，余繼任紀律委員會主任委員。既已發表，決定接受。紀律委員會副主任委員洪蘭友兄午後過訪，詢余何日到會辦公，擬稍緩數日。晚間李崇年陪同立法委員包華國兄過訪，彼此暢論國際形勢，計一小時之久。包氏精明強幹。

7 月 19 日　星期日

昨晚中央黨部秘書長張其昀兄過訪。余向張表示，中央既已發表紀律委員會主任委員，決定接受，張氏非常高興。張氏對我十分推重，並說余深得人和，將來召開國民大會及反共救國會議（聯合戰線），正須余運用各方云云。余對張氏期許，殊深慚感。紀律委員會係兩個副主任委員，由洪蘭友、張壽賢擔任，會內事務多由壽賢負之。壽賢今晨來寓詳談會內工作人事一切情形，余並告壽賢決定廿四日（星期五）到會辦公。

7月20日　星期一

上午張壽賢偕中央黨部副秘書長周宏濤、紀律委員會祝秘書來寓會談，並閱申叔過去繪畫。下午四時參加中國銀行董事會議。訪老友何雪竹，他與我有四十多交誼，情感甚好。談到黃克強民二年在南京討袁軍總司令失敗情形，因余與何對黃氏均有好感。又給何閱克強民元年致余親筆一函，係克強挽留余勿辭警察總監。

7月21日　星期二

十二時三十分到台北賓館，應張秘書長其昀午餐，有張岳軍、何雪竹、洪蘭友、張壽賢、周宏濤、谷鳳翔、李壽雍諸君在座。午後三時半杭立武兄來談，認為當前是經濟問題。杭明日返台中。杭並主張申叔在法國除習美術外，應另學其他科目。這個見解很對的，申叔本有另學法律之意。

7月22日　星期三

本日致申叔親筆函大意如下（並附照片）：

一、兒于本年三月廿二日離家，迄今已整整四個月。父無時不在掛念你的身健康，即有病在身，祗有靜心忍耐醫治，就哲學人生觀，一切有天命存焉。如精神好可以作畫消遣，不必勉強。

二、老太太左手面生疔瘡，以現在醫藥進步，醫治迅速，經一星期時間即告全愈。因此有病要請教醫生。

三、台中家已于本月十一日遷移台北，父常住和平東路。

四、姐姐上月廿四日來信，已出院兩星期，小外甥已
　　長至八磅。少宮九月間任教俄亥俄但頓大學，九
　　月初移居但頓城。姐姐親自照料兩個小孩，望與
　　之不時通信，使她安慰。

五、總裁派余任紀律委員會主任委員，將常到黨部
　　辦公。

居老太太本日（廿二）過生日，錢慕尹明日過生日，本
日上午九時偕惟仁夫人前往慶賀。本日（廿二）午後五
時卅分出席第十次小組會議，地點在新北投奇岩路十八
號陳濟棠（伯蘭）公館，會後即在陳家晚飯。

7 月 23 日　星期四

　　整理書籍。午後虞克裕、王天行過訪。虞前在中央
財務委員會任科秘，王亦久在財務會服務。他二人談到
中央黨費將至三千萬台幣，許多地方用之不當，未免浪
用了，明年黨費很成問題。

7 月 24 日　星期五

　　今日到中央黨部紀律委員會開始辦公。上午九時以
前，洪副主任蘭友先到余宅，陪同前往中央黨部第二會
議室，與紀律委員會同事諸同志見面。余簡單致詞，略
謂諸同志在會服務資歷甚深，余雖做數十年黨員，但在
中央負實際工作尚屬初次，一切請諸同志幫忙，請兩位
副主任委員多負責任。遂由洪副主任移交冊籍、鈐記，
由張秘書長其昀監交。即將鈐記交由洪副主任代為保
管，約三十分鐘交代完成。張秘書長約余在總裁辦公室

談話，適張因事往總統府見總裁，特託張報告總裁，余
今日到會辦公。張又親送余到紀律委員會，如此週道，
至深感謝。查本黨同志是以三民主義與感情結合的，而
紀律委員會除辦理紀律案件，尚須辦理中央各單位用費
事後審核。余今後處理案件，一本黨記與感情互相運
用，總期無枉無縱，達到和平團結之目的。

7月25日　星期六

上午回看蕭青萍、鄭一同等。看顧墨三，因他日前
患病方愈。晚七時台東警察局長曾德容、嘉義警察局長
李道和、宜蘭警察局傅維新及王王孫兄在錦江招待晚
餐。余因天氣熱、客人多，未入席先辭謝。並有警務處
長陳仙洲及郭寄嶠、金幼洲等在座。

7月26日　星期日

端木鑄秋午後來寓，暢談當前政治及未來國民大會
等大問題，余一本忠黨愛國一貫精神，奔走一切。本日
（廿六）午後五時，王介艇偕林創先來見。介艇原任憲
兵第七團團長，新升少將後調任憲兵司令部警務處長，
所遺第七團團長即以副團長林創先代理。

7月27日　星期一

上午九時偕張壽賢兄到實踐堂參加中央紀念週，由
黃總司令杰報告留越國軍三年羈留情形及最近返國的情
形。白健生來電話，擬與余見面，適余外出。嗣余往
訪，適張其昀亦到，遂談派回教朝聖事。

7 月 28 日　星期二

　　韓境停戰協定于昨日上午十時在板門店簽字，使歷時三年僵持不下戰爭告一結束，戰鬥行動即晚停止。匪共侵略韓國三年，死傷近兩百萬，聯軍死傷約三十三萬數千人，韓境平民犧牲最為慘重。韓境停戰，最使我們關心，一萬五千名反共中國戰俘，將被迫移居孤島，由中立監管的戰俘營管理，讓印度人去進行工作。韓總統李承晚告反共華俘，保證送至我國，謂這是曾經聯總保證過，希望保持信心勿害怕。李氏精神令人佩服。午後（廿八）黃內政部長季陸過訪，談耕者有其田。

7 月 29 日　星期三

　　韓愈說：「動而得譽，謗亦隨之」、「名之所存，謗之所屬」。儒、墨兩家本于人事而言天，莊、周則本于天道而言人。

7 月 30 日　星期四

　　馴叔、申叔本日都有信來，並附照片，閱後甚慰。申叔信的大意：「法文暑期學校不放假，照常出課。每晨吃牛奶一瓶，中飯、晚飯在學生飯堂。從旅館到飯堂步行一刻鐘，每餐排隊進門，先看飯證，再交飯票，然後自己拿一個鐵盤，由飯堂主婦發菜，自找坐位，吃完交鐵盤于原處。吃飯時很熱鬧，有一千人左右在一齊。現在比從前可省一點，否則很難維持長時間求學過程。每月最大開銷是買書及油畫冊，好的畫冊太貴買不起，一鬆手就是數十美金。法國博物館大小約有百家。欣賞

西畫結論，認為印象派為西畫最高峰，現走下坡路，將來還要走紅。到法已作八張國畫，其他是素描。最近作風大變，尤其是章法、彩色、光線，將來每張都充滿著印象優美，很想做到中西藝術橋樑。再過一這時將有紬作寄回台灣云云。」當即託伯雄代復一函，大意應為身體關係，生活不能過苦，有八個字要特別注意：「起居有度，營養適宜。」所謂起居者，範圍甚廣，慎風寒、會朋友都包括在內。現在繪畫作風大變，將來想做中西美術橋樑，十分贊成，但有一個原則供參考：「如作國畫，應以國畫為主，採西畫優點。如作西畫，應以西畫為主，採國畫優點。嚴防中西四不像。」總之素描係中西畫根本，似須多加學習。

7月31日　星期五

上午回看黃季陸、楊森等。下午顧墨三來訪，談談近代軍事。好人好到人家無法幫忙，甚至不願與你談話，這是最愚蠢的人。能幹人能到人家無法共事，甚至不願與你見面，這是小能幹的人。這兩種人，自以為是，苦不自知，其結果必定吃大虧。不管那一種人，必須明白道理，所謂「得道者多助，失道者寡助。」

8月1日　星期六

上午九時半參加總統府月會，蔣總統主持，國防部郭部長報告軍事。下午四時參加常務會議（余任紀念委員會主任委員，第一次列席常會），專案討論國際問題，由葉外交部長報告韓國停戰經過及支援反共戰俘。嗣由張秘書長報告總裁手令，凡未降敵前中央委員，可以補發黨證。這個案件關係重大，討論很久。余報告前次參加審查前中央委員小組經過，余主張凡過去中委有欠良好者，應從寬緩發黨證，但小組委員多數主張不發黨證。今者總裁為應付環境，手令補發黨證，吾人惟有接受云云。經討論良久，決議接受總裁手令。假定當時採緩發計劃，何至有此次麻煩。時已七時，尚有他案未了，余先退席。

8月2日　星期日

清晨偕伯雄到信義路家中，麗安無故不歡而下淚。余不得已向他母子三人表明過去與現在真誠態度，憑天地鬼神，沒有對不起你們的事。到台大醫院看吳稚暉老先生病，他精神還好。我說不管老少，以精神愉快為主，他很高興。

8月3日　星期一

上午九時到中山堂出席總理聯合紀念週。陳誠行政院長報告對韓國停戰評價，謀求全韓統一，勿蹈我國覆轍。不僅要做到行政統一，而且要做到軍事統一，譴責因韓境停戰而產生悲觀心理。計報告一小時。革命實

踐研究院主任萬耀煌去年因病請假，由副主任彭孟緝代
理，現改派張岳軍擔任。本日午後三時新舊交代，中央
派余監交，余準時前往陽明山實踐研究院監交。余簡單
致辭，略謂前主任萬同志請假，彭同志代理，成績已經
很好。張岳軍同志學問經驗諸位同志都是知道的，將來
研究院必定更多進步，更多收獲。研究院是本黨訓練高
級幹部地方，關係重要，祝研究院前途光明。閱五十四
種交代冊，既整齊且詳細，足見諸同志平時辦事認真，
監交人很滿意。

8月4日　星期二

張秘書長、唐組長招待國大聯誼會黨團同志午餐，
余因人客多先辭退。孫良翰兄前由余介紹交通部賀部長
派為打撈公司（顧問），現孫生活困難，請賀予以優
待，賀表示現在無法。

8月5日　星期三

上午九時半參加中央常務會第五一次會議。在開會
之先，晉謁蔣總裁，告以已到紀律委員會辦公。遂即開
會，討論加開國民大會程序修正草案。總統于四十三年
一月十九日公告召集國民大會，依憲法第廿九條之規
定，于四十三年二月十九日集會。查國民大會代表及總
統任期，四十三年上半年即屆滿期，應選舉新國大代表
選新總統。因大陸淪陷，不能選舉新國大代表，不得已
以第一屆舊代表選新總統，在憲法上雖經學者專家解釋
可以選舉，就屬勉強，稍一不慎，最易發生事端。我因

此案在事先未參加研究，故未發言。下午五時半總統府
王秘書家出席小組會，並在王家晚餐。

8 月 6 日　星期四
【無記載】

8 月 7 日　星期五
　　上午九時到鐵路招待所訪狄膺（君武），他一向在
中央監察委員會任秘書長，現任黨史會副主任。下午四
時在台北賓館主持紀律委員會第十一次會議，這是余任
紀律會主任第一次主席開會，會後招待各委員晚餐。

8 月 8 日　星期六
　　昨日收到申叔上月卅日經由西班牙伊隆城來函，大
意：「廿五日晚九時，由巴黎乘夜車來西班牙旅行，現
在伊隆城。此城有居民三萬人，風景優美，不冷不熱。
兒已恢復精神上的疲勞。伊城是西國與法國交界地方
（對河即是法國），歷史上沒有中國人進過伊城。預定
明天早晨車赴馬德里，將拜訪余大使及施忠誠先生老
弟。附呈相片兩張，一張是法西交界國際橋，一張係伊
城馬路警察要求合影的。」細閱照片面孔肥胖，所謂恢
復精神疲勞，當然有過去疲勞之意。李崇年偕裴存藩來
見，裴新由滇緬邊境歸來。據云該方游擊隊內部既不團
結，與緬甸當地人亦未處好，而國聯要求撤出甸境，確
有進退維谷之勢。為何鬧到如此地步，皆因人謀不臧有
以致之也，此等力量未能使用，實在可惜。行政院政務

委員蔡培火過訪。他對黨的日前舉行考試大為不滿，對
于黨的提名選舉縣市長亦不以為然。他對黨的前途大大
悲觀，其憤慨之中有脫黨之意。

8月9日　星期日

　　近來每日上午都到黨部辦公。昨日與洪、張兩副主
任交換意見。關于處理案件，本紀律委員會規訂辦理。
關于余任紀律委員會主任之方針，採一秉大公的態度。
本日下午與麗安談話三小時，都關彼此隔閡。余採不保
留態度，以百分之百誠意發表意見，希望他改變心理與
作風。

8月10日　星期一

　　本日上午九時在實踐堂舉行總理紀念週，余擔任主
席。由青年反共救國團副主任胡軌同志報告，題為「青
年訓練」。

8月11日　星期二

　　上午回看蔡培火兄。又李崇年陪同回看裴存藩、包
華國，均外出未遇。蔡培火交閱三民主義考驗場台灣，
認為在台灣推行三民主義不夠，問題很多。

8月12日　星期三

　　上午出席中央常務會議，蔣總裁主席。前在新疆同
事警務處長胡國振、騎兵軍長馬呈祥、參謀長馬玉美均
係有為之才，託蔣主任經國予以關照。

8 月 13 日　星期四

工友何景明一再要另謀職務，強留不可，只得聽其自然。景明人太老實，有這山望見那山高之感。

8 月 14 日　星期五

上午吳澤湘來訪，擬謀泰國大使，託我關照。陸軍少將趙東書來訪。現任國民大會代表、中華理教總會理事長，擬輯理教彙編一書，約十五萬言，請余題字。蓋理教係助人為善。

8 月 15 日　星期六

上午九時半參加中央常務會議。關于立法委員數人請求考試院本屆高考加入蒙古名額，爭論二小時之久，照考試院主張通過加入。余認為在法律上無此規訂，在現實亦無此必要，過去邊事皆是這樣搞糟了。余因時間關係，簡單發表意見：「蒙藏政治係專門政治，應多採納主管機關意見。本人自民國廿五年秋任蒙藏委員會委員長，次年開始抗日，在任八年期間，本團結蒙古、安定西藏，無例不可興，有例不可滅之方針，故在邊疆未闖禍，且多收獲。此次高考如加入蒙古字樣，倘滿洲與回族亦要加入，又將如何。特將此意供大會參考。」

8 月 16 日　星期日

昨日係大韓民國國慶日，李承晚總統發表文告：「預料政治會議必將淪于拖延，警告自由世界勿為匪共所欺騙。」這段話是對的。美國新戰略設計，重視太

平洋防務，加強台灣、日本、越南區域安全，亦是很
對的。

8月17日　星期一

昨日颱風掠過，風雨連宵，今晨始停。低窪地方一
片汪洋，台北市區數處成災，四千人無家可歸。該颱風
已自溫州登陸，進襲大陸。

8月18日　星期二

陳行政院長辭修（誠）之母洪太夫人，于十七日上
午三時逝世，享壽八十有五歲。遺體于昨晨移極樂殯儀
館，定于廿日下午三時大殮。余于今日八時半前往弔
唁，並進入孝幕慰問辭修曰：「老太太福壽全歸，請保
重身體。」又黃憲兵司令珍吾之岳母李母張太夫人，
十六日逝世，享壽七十有八歲。今日上午在極樂殯儀館
設奠，余特前往弔唁，並晤黃司令予以慰問。

8月19日　星期三

上午九時半參加常務會，討論黨政關係改進要點修
正草案，及從政黨員違反決議指示處分辦法草案兩要
案，未得具體決議。總裁堅決主張黨員服從決議。至午
後一時總裁先退，吾人再談半小時散會。至午後二時方
用午餐，因腹饑，食太快、太多，很不舒適。午後五時
半至聯國中國同志會出席小組會，討論公務員待遇問
題。因問題太大，才料不夠，未得結果。大家都為物價
高長，公教人員生活大感威脅。歐陽駒（惜白）數次過

訪均未遇，聞伊明日赴港，特約本晚九時在顧墨三家見面。惜白此次赴港，係負本黨港澳任務。為惜白便于接洽，特託其致意許汝為諸同志，並告許國民黨接合係主義感情，現目標係反共抗俄，因此請許將過去事忘去可矣。

8 月 20 日　星期四

孫良翰兄年老失業，前由余與俞濟時兄介紹交通部賀部長衷寒，派在打撈公司任顧問，車馬費三百元，早不夠生活。現該費停止，茲再函賀予以維持。劉寶誠將赴美國考查農業，他主管漁業，當注重在此。本日（廿）午後過訪，將于廿四日起飛。

8 月 21 日　星期五

伊朗王日前被迫逃亡羅馬，嗣保王派軍人沙赫地舉兵擊敗反王派，伊王任命沙赫地為國務總理，反王派總理莫沙德被捕，伊王正從羅馬返國。查伊朗在近兩世紀以來，介乎英、俄兩大之間，現在保王派幸而獲勝，是西方國家一個重要機會。如果英、美兩國仍繼續過去政策，則可能終于失去伊朗。又蘇伊條約，俄可藉口出兵伊朗，這是值得注意的。

8 月 22 日　星期六

監察院秘書長楊亮功、委員趙守鈺均在電力公司醫院養病，于午後偕昆田前往訪問。午後五時參加裕台公司董監事會議。

8月23日　星期日

孫乾方新婚未久，余特至其新宅慶賀。並回看馬呈祥、馬繼援等。呈祥新任澎湖區防守副司令。

8月24日　星期一

劉抱誠今飛美。上午九時參加中央紀念週，陶希聖報告國際情形：

一、東歐、中東、伊朗、韓國形勢雖都緊，但不致發生大戰。

二、就蘇聯歷史推側，其內部整肅尚需二、三年時間，因此不能發動大戰。

三、中國不能等待第三次大戰反攻大陸，應該自動反攻。

8月25日　星期二

本日為陳果夫兄逝世二週年紀念，特于上午八時半偕張壽賢兄前往墓地致祭，至十時回城。往祭者甚眾，多係政治大學校友。

8月26日　星期三

馴叔日前來信，擬與家中通電話，故于今日將家中電話號寄去。今日中央停開常會，故整日未出開門，仍整理廿五年日記。余向庸、光兩兒提出問題，你們想什麼樣家庭、什麼樣社會纔能合式，你們將來想做何等人物。你們慢慢想想再告我。

8 月 27 日　星期四

　　由大陸來台灣知識份子及青年，尤其是官僚、買辦家子弟，多是思想矛盾、口唱高調、批評國事、生活腐化、為利是圖。如中央兵役宣傳有：「養成知識份子享受特權，避免兵役。」這句話是針對病根。蔣總統訓勉青年有：「時代考驗青年，青年創造時代。」這是名言，希望青年負起救國責任，官僚、買辦必定要打倒。

8 月 28 日　星期五

一、蔣世兄經國生病，入中心診所醫治，特于上午前往慰問。據云病在腰部結石，現在不通的小便已通。

二、蔡培火兄午後六時半招待余晚餐，並約陪客陳逸松、蔡章麟、朱昭陽諸君。培火兄專為余設席太客氣了。逸松宜蘭人，四十七歲，日本帝大畢業，習法律，現任考選委員。章麟台北人，四十六歲，日本帝大畢業，習法律，現任大法官。昭陽板橋人，五十歲，日本帝畢業，習經濟，現延平校長。

三、許靜仁（世英）本日（陰七月十九日）八十晉一生日。其門生故舊五十餘人，于晚七時半在自由之家舉行慶祝，並晚餐，約余與王亮籌、張岳軍等作陪。

8 月 29 日　星期六

　　昨晚不慎于食，于今日四時胃病大發，痛不可止，至晨七時痛稍止。年老抵抗力衰弱，經此一痛，精神頗為不振。既不能進早餐與午餐，晚間吃粥。上午與金幼

洲兄談劉銘傳紀念館事，原有將倒破屋，余主張我們自家能管固善，否則應該交政府管理。萬一大風坍塌，傷住屋人生命，吾人亦有責任。

8月30日　星期日

安徽國民大會黨團小組會，本日下午三時借台北地方法院舉行小組會議，推余主席。討論召開國民大會有關問題，討論大綱：

甲、大會性質：決議照憲法第二十九條「國民大會於每屆總統任滿前九十日集會，由總統召集之」之規定，召開正式會。

乙、大會日期：根據憲法第廿九條之規定，須于四十二年二月十九日以前召開。

丙、開會法定人數：由政府決定之。

丁、大會任務：選舉總統。至憲法修改與否，由國民大會自行決定。

總之國民大會從前選舉錯誤問題很多。

8月31日　星期一

到會辦公，與洪蘭友談國民大會事。洪係大會秘書長。

9月1日　星期二

今年颱風特別多，日前颱風方過去，今日颱風大雨又降臨。近日口胃不開，昨晚有熱度，今晨熱退，這都是食多不消化與吹風的結果。

9月2日　星期三

上午九時卅分參加中央常務會議。討論國民大會代表資格複雜問題，及各方所提辦法之商榷，並由國民大會推舉五位代表到會陳述意見。五代表據情、理、法慷慨發言。至午後一時半散會，本案未得結論，改期再談。午後五時半至張公館出席小組會議，討論地方自治與選舉縣市長本黨提名問題。余表示如由黨提名，必定要有提名把握。凡事要慎之于始，如同做衣服，倘裁錯了再來修改，決不能合身的。本黨在大陸的失敗，就是這個道理。

9月3日　星期四

本日收到申叔上月廿六由巴黎來明信片，說廿二日由西班牙回巴黎。因法國罷工，所以遲了幾天，巴黎郵政局今天剛開門。正在寫旅行報告，一兩天可以寄父親。上午九時卅分到圓山忠烈祠，參加秋祭陣亡將士暨死難官兵典禮。蔣總統親臨主祭，五院院長陪祭，中樞文武官員八百餘人參與典禮。

9月4日　星期五

中午總裁在台北賓館約評議員談話。午後四時在中

央黨部第一會議室，主持紀律委員會第十二次會議。台
北會多、宴會多、失業人多，終日奔忙不知所忙何事。

9月5日　星期六

友人梁寒操久未見面，他新由香港以教授團體資格
來灣。余今晨往北投僑園訪問，已遷至城內瑞三大樓，
再往該處訪問，又適外出。寒操到余宅訪問，余亦外
出。彼此相左，何無緣也。光叔今日舉行轉學考試（台
中轉台北），又值光叔患胃腸病，正在診治之中，似覺
辛苦。

9月6日　星期日

何敬之兄擬往菲律濱診治眼疾，日前來告此事。余
今日前往訪問，為之送行。上午余井塘兄過訪，談談時
局。他為人誠實，多年辦黨，前任內政部長，堅決辭
去，現仍在行政任政務委員。

9月7日　星期一

上午九時至中山堂參加聯合總理紀念週。唐縱報告
黨籍總檢查之經過。

9月8日　星期二

今日未出門，仍是整理民國廿五年日記。威爾遜格
言：「生產才能強盛，強盛才能自由」，正如中國古
訓：「衣食足而後禮義豐」。

9 月 9 日　星期三

上午九時半參加中央常務會議，總裁主席。仍討論國民大會代表資格問題，因開頭選舉錯誤，現在研究補救辦法，當然不能圓滿。麗安今日（八月初二）四十八歲生日。白健昨日來電話約見面，本日午後四時前往訪問。據白云近有謠言，與第三勢力如何如何，託我向蔣總裁說明無此事。計談一小時。

9 月 10 日　星期四

彭醇士兄由台中來台北出席立法院會議，中午過訪，留便飯。彭因我七十歲，特請書畫家各作一幅書畫裝裱冊頁，正在辦理之中。此等盛意，感甚、感甚。青年黨劉東岩兄午後過訪，談國民大會及反共抗俄聯合戰線諸政治問題。余告東岩，政治固屬重要，而經濟更重要。午後五時至許靜老公館，參加劉銘傳先生紀念館會議事宜。

9 月 11 日　星期五

九日收到馴叔四日來函。他們已搬到俄亥俄州，係由少宮自駕汽車，經八小時之久到達。少宮在兩星期後到學校教課。現住房屋係新造的，樓上兩間，另浴室，樓下客廳與廚房，沒有家具。他二人帶兩個小孩，如此遷移太辛苦了。九月九日收閱申叔九月一日巴黎來函，約二千五百字，致伯雄一函，一千五百字。茲摘函中大意：

（甲）負責遠東學生的法國老神父雷諾先生對兒感情
　　　很好。雷諾早有意想使中國留學生去西班牙觀
　　　光，未能實現。上月西班牙天主教人士突然歡
　　　迎中國學生去避暑，雷諾堅決主張兒去，藉此
　　　考察西國美術，故決去跑一次。同行者三位：
　　　1. 陶宗玉，鎮江人，在合肥讀書多年，抵法只
　　　有六個月，現年廿六歲，曾任黃杰將軍法文翻
　　　譯，他父親一向在銀行界服務，現在台北中本
　　　公司任專員；2. 歐陽城，廿四歲，他父親是河
　　　內領事，歐陽是皖南人；3. 林聖揚，現在法習
　　　素描，彼此看畫有個參考。

（乙）七月廿五日晚九時乘夜車，廿六日上午十時抵
　　　伊隆，前往車站迎接有法記者、天主教代表、
　　　地方名流。經過法西兩國海關時，西國海關聽
　　　說我們是台灣人士，行李免檢，法國海關因有
　　　法記者打招呼，沒有檢查。西國天主教招待我
　　　們住在醫院大廈。伊隆是西國軍事要地，法西
　　　兩國在交界地方皆有卡子。天氣溫和，市面精
　　　美，西國名流學者許多住在此城。中國人沒有
　　　到過此城，都是經過車站直到馬德里。

（丙）廿六日是西國紀念日，人民街頭歌舞，熱鬧非
　　　常。有一位西國學者羅加先生于是晚陪我遊覽
　　　街市，沿途說我們是中國人，從台灣來的，沿
　　　街老百姓都驚訝向我招手或握手。沿街房上老
　　　太太、小姐們向我們拋花，請我們吃酒，都呼
　　　蔣總統萬歲，我們回呼佛朗哥萬歲。

（丁）參觀工場，並拜訪當地畫家。發見一位十四歲
天才小畫家，他父親是印象派畫家，拿出許多
作品請兒批評，故將每張作一個分析，他非常佩
服。因兒在巴黎看得名畫太多，所以感批評。

（戊）廿八日去聖塞巴斯提安城，乘火車半小時到達
此城。西國避暑勝地，市面繁華。適西國領袖
佛朗哥到此避暑，沿途警衛與歡迎場面偉大。
佛朗哥身穿白色軍服，紅顏白髮。

（己）廿九日伊隆市長接見我等，表示歡迎之意。兒
等向各處辭行，並畫了一小張桃花送羅加先
生。下午接受記者、小說家們訪問。

（庚）卅一日上午九時，離伊隆赴馬德里，羅加先生
等到車站送行。晚十時抵馬德里，由西國朋友
介紹住旅館，連吃三餐，每天四十西幣，約法
國四百佛朗，比巴黎生活有天地之別。每日遊
覽名勝，參觀博物館，看了一千多張西畫。若
與巴黎名畫，也有天地之別。看過一次鬥牛，
緊張激烈。

（辛）拜訪大主教神父十數人，有幾位在安慶，有幾
位在安慶傳教。神父問兒是否則教。答曰是佛
教，又曰各教最高理論都是救世行善為目的，
大家理想中天堂只有一個。在西國中國人有卅
餘，都住在馬德里內中。中學生佔廿人左右，
大半是安徽人，係大陸撤回時由天主教帶來
的。又拜訪施中誠先生的胞姪施正祥兄，他用
功，很老成，西語流利，請兒吃飯並送行。

（壬）八月四日拜訪本國于大使煥吉，大使立刻請兒午飯，特別客氣，同來者一齊招待。大使自駕汽車去城外十六公里的空軍招待所午餐，有一等秘書桂崇堯（桂永清胞姪）作陪。席間向大使表示家父囑向老伯請安，于很直爽熱誠向大人請安。于大使歡迎兒再來馬德里開畫展，做中國畫家及中國畫在西國展覽第一人。兒感激他一番美意。于應佛朗歌約赴避暑城（偕桂秘書），知道兒回巴黎，特電吳秘書祖禹（吳經熊公子）十九日為兒等餞行，席間有鄭寶楠先生。當晚送竹桃，說明送使館的，請吳秘書轉呈。此張台北臨行前畫的，在台已經裱好，未提上款。于大使表示謝意。廿日上午九時上車，又到伊城休息一晚，廿一日晚乘夜車安返巴黎。來往都是三等車，很辛苦。在伊隆天主教招待，在馬德里自開銷。西國人老實，要虛面子，最有錢人是鬥牛師。

9月12日　星期六

本日復申叔一函

　　九月九日收到九月一日來函，文字都日在進步，甚慰。此次赴西班牙旅行，一切應付切到好處，我非常歡喜。此後望兒讀歡喜讀的書，畫歡喜畫的畫，吃歡喜吃的飯。但身體健康，務希時時特別予以注意為要。

　　　　　　　　　　　父手啟　九月十二日午後

9 月 13 日　星期日

訪徐次辰、關吉玉等。並在關處遇張元夫，感謝張借古畫為申叔作畫參考。惟仁老太太連日感冒，通常熱度在卅八或卅九度，尚能飲食。

9 月 14 日　星期一

上午十時到陽明山莊大禮堂，參加革命實踐研究院總理紀念週。蔣總裁親臨主持，並訓話，題為「重建革命基本組織，策進反攻革命運動」。至午十二時半完成。總裁的用心、苦心，令人佩服，惟望本黨能力行，則反攻大陸乃指顧間耳。因任紀律委員會主任，照例應參加革命實踐研究院紀念週，這也是余來台四年餘，第一次參加該院紀念週。

9 月 15 日　星期二

光叔隨家遷移台北，擬轉學台北省立中學，參加省立中學聯合招生高中二上考試，乃降級錄取高一上，殊出我們及光叔意料之外。光叔在台中第二中學去年直升高中，□高氣揚，目空一視，今者降級錄取，未始非光叔前途之福。他不願降級讀省立師院附中，不得已只得改進光叔素來輕視之私立強恕中學。即以當前情形，強恕中學亦不易進。經周昆田與余井塘幫忙，于十二日午後開始強恕接洽，至晚間強恕允許光叔十三日晨參加強恕考試。十五日發榜，光叔錄取高中二年級上學期。光叔經過此次考驗，將來如不用功，高中畢業後考大學，令人懷疑。在我的意見，為考大學有把握起見，就是

多讀一年高中，亦未嘗不可，但兒女已大，我亦不勉強
他們。

9月16日　星期三

上午九時卅分參加中央常務會議，總裁主席。通過
三要案：一、加強立法院黨部組織方案修正案，內容黨
部委員設紀律委員會，設書記長一人；二、中央常務委
員會黨政關係會議改進要點；三、中國國民黨從政黨員
違反決議及指示處分辦法草案。本日（十六）下午五時
卅分，假台北賓舉行第十四次小組會議，由余主席，討
論當前物價不斷上漲問題。至七時散會，即在台北賓館
留同志晚餐。

9月17日　星期四

【無記載】

9月18日　星期五

惟仁傷風發高熱五天，今晨熱度退清。

9月19日　星期六

自任紀律委員會以來，除星期日及其公務外，每日
上午到會辦公。參觀全省美術展覽，其國畫部門的章
法、透視、顏色都是一年比一年進步，其西畫部門亦有
數張係國畫章法，可見將來中西美術接近貫通是必然
的。考試院考選部常務次長孫軼塵過訪。他桐城人，曾
在安徽財政廳任主任秘書。

9 月 20 日　星期日

物價高漲，公務人員生活都日在困難之中，有蹈大陸失敗之復轍。

9 月 21 日　星期一

光叔今日陰曆八月十四日十七歲生日。昨夜大發寒熱，至四十度，今晨退至卅八度，請朱仰高診治。

9 月 22 日　星期二　中秋節

至台大醫院為吳稚老拜節，並看吳病。伊患旁胱結石，已一年有餘，心身均已衰弱。以八十九高齡患此重症，不能施用手術，殊為可慮。到北投為八十三歲高齡郭老太太拜節。又八十一歲許靜老拜節，並談劉銘傳紀念館事。

9 月 23 日　星期三

上午九時半參加中央常務會議。現在財政已至危險時期，明年上半年度預算缺三億台幣，公務人員增加待遇尚不在內。送張曉峯兄入藏報告一本。

9 月 24 日　星期四

前廣西省政府委員孫仁林兄午後二時過訪，談李德鄰之失敗，遺誤國家。孫說他習國畫，因此請他看申叔的畫，大為稱贊。青年黨劉東岩午後四時來談國民大會諸問題，彼此意見相同。惟有他主張國大代表第二、三候補代表，希望補入其他代表空缺，或准其列席大會，給以年費，託我向總統進言。

9月25日　星期五

安徽在台灣國民大會代表補祝余七十歲生日，特備簽名紀念冊。首頁有馬壽華（木軒）作松柏長春圖，其簽名有鄭通和、湯志先、葛曉東、洪興蔭、盧熟競、汪祖華、章正綬、王善祥、王立文、柯蔚嵐、許素玉、吳兆棠、王進之、陳協五、溫廣彝、胡志遠、謝麟書、常法毅、張宗良、蘇恕誠、鍾鼎文、翟宗濤、曹明煥、謝鴻軒、胡鍾吾、李國彝、童世荃、吳殿槐、王觀陳、趙執中、葛昆山、李仁甫、王子步、徐庭瑤、汪瑞年、鄒人孟、張動之、杭立武、王帥信、凌鐵庵、史尚寬、王子貞。午後三時在中央黨部第一會議室，舉行紀律委員會第十三次會。討論中央黨部決算案，係四十一年度。

9月26日　星期六

惟仁老太太明日（陰八月廿日）七十生日。今晚伯雄、襄叔特備素席，為老太太暖壽，麗安、庸叔、光叔、和純及志獻均參加作陪。

9月27日　星期日

今日係陰曆八月二十日，惟仁老太太七十大慶。麗安于今晨八時在信義路住宅，準備壽麵為老太太祝壽。老太太準時前往食麵後，于九時半，余偕老太太及庸、光兩兒、和純姪、伯雄弟往遊基隆港、神仙洞等處，即在水上招待所午飯。基隆是台灣最多雨地方，惟今日不但無雨，而且氣候溫和，老太太身心快慰。神仙洞係基隆名勝，石壁上有安徽前輩提字，有遠在七十年前、

六十年前者。此次老太太七十壽，盡量避免聲張，尚有
知道親友前來祝壽者，如洪蘭友、錢慕尹、顧墨三、陳
惠夫諸夫婦等。所送衣料等等禮物，一律退回。

9 月 28 日　星期一

參加本日孔子二千五百零四年誕辰，上午九時在總
統府舉行紀念。蔣總統親臨主持，張顧問其昀講述「孔
子學說對于近代西洋民主之貢獻」。偕昆田訪財部次長
陳漢平（他兩次過訪，我外出），談財政。據云本年
度尚缺二億幾千萬，明年度從一月至六月半年度預算缺
三億，增加公務人員待遇尚不在內，如此大差數，無法
彌補。

9 月 29 日　星期二

申叔近有信說正在畫祝壽圖為老太太祝壽，約有
六幅。

9 月 30 日　星期三

上午九時半參加中央常務會議，討論中華民國四
十三年上半年度施政綱要，暨中央政府上半年預算案。
惟預算赤字二億，均以增稅彌補，增稅是否有把握乃是
疑問。似此情形，物價必定高漲，通貨膨脹，自在意
中。午後五時半至吳鐵城家出席小組會議，討論韓戰停
戰後共匪的動態，大家認為是拖的成份多。我們台灣希
望早日發動，以我們的兵的年齡，以及財政情形，拖不
下去了。

10月1日　星期四

上午在紀律委員會與洪蘭友（國民大會秘書長）談，明春召集國民大會，有關總統問題。在憲法沒有規定第一屆國民大會可否選舉第二次總統，只有第二十八條規訂每屆國民大會任期至次屆國民大會開會之日為止。如憲法精神上說，一任國大不可選兩任總統，故有人主張為適合環境，用決議方法延長總統任期。

10月2日　星期五

蔣老太太今日（八月廿五日）生日，特往慶祝。昨晚與麗安發生口角，彼此大為不快，庸、光兩兒旁觀亦覺難過。麗安眼光近、肚量小、又多疑，因此不明我的家庭環境，殊為可惜。他應該作家庭一個重心，則大家都好了。

10月3日　星期六

上午九時卅分參加總統府國父紀念月會。蔣總統親臨主持，內政部長黃季陸于會中報告台灣省實施耕者有其田推行進度及成果。韓國二日訊，印度監俘軍隊昨、今兩日槍殺中、韓兩國反共戰俘，兩死十傷。韓政府發表聲明，事實顯示印度軍實在不適合于擔任指定給他們保障拒絕遣返戰俘之生命責任，並且指出對于戰俘使用武器，顯然違返停戰協定。中國同胞一致激昂悲憤，各社團呼籲聯合國控訴印軍屠殺暴行，並號召海內外同胞聲援反共義士。中、美、泰三國協議，撤退滇緬邊境反共游擊隊二千人事，計劃已告擱淺。因緬甸濫炸游擊

隊，我立法院外交、國防兩委員會決議促聯大注意。

10 月 4 日　星期日

上午到中和鄉回訪邱昌渭，又訪黃雪邨。晚間程樹仁過談。據云陳光甫兄已于兩月前回港。我二人認為光甫應在美國久住，就是回港，亦應該先來台灣一行。嘉義警察局長李道和、台東警察局長曾德容晚間來晤，他們是來台北出席警政會議。道和約我下月初遊阿里山。昨晚關吉玉來談當前財政，已極困難。明年上半年預算是虛收實支（就是假的），其結果稅收短少，物價高漲，通貨膨脹，搶購物資，紛提存款，軍官公教人員生活恐慌。

10 月 5 日　星期一

上午九時至中山堂參加總理聯合紀念週，由俞省主席報告省政。

10 月 6 日　星期二

大廈千間，夜眠七尺，少置財產，多積陰德。兒孫不肖，置之無益，兒孫若賢，何勞費力。味呼斯言，勿忘勿失。

10 月 7 日　星期三

杭立武明日赴美國出席聯合國大會，今特往晤談。在吳鑄人處晤王靄芬立法委員。

10月8日　星期四

李先良兄晚午後來台下榻余宅。他想出國，我認為機會不夠，應暫從緩。杭立武上午十時飛美國，余偕李先良到機場送行。杭約兩月後回國。

10月9日　星期五

陪李先良看蔣太太。李伯英、陳峻峰過訪，與陳暢談國術。

10月10日　星期六

今日乃民國四十二年雙十節國慶，余于上午九時到總統府大禮堂參加慶祝大會。蔣總統親臨主持大典，並宣讀四十二年度雙十節告全國軍民同胞書，勉全國軍民加強反攻準備。上午十時蔣總統在總統府前廣場檢閱陸、海、空三軍，中央文武官員、社團首長、外交使節、歸國華僑及反共義士千餘人參加盛典。計受檢閱官兵一萬五千餘人，整齊嚴肅，其服裝、武器都較以前大大進步。至午後一時卅分典禮完成。今日天氣和暖，人民熱烈慶祝國慶，亦為從來所少見。李先良兄于午後五時廿分車回台中，余與麗安送至車站。

10月11日　星期日

午後三時接見黃炳桐（號桂丹，廣西岑溪人）。余任貴州省主席時，黃任廣西駐貴州代表，當時彼此不斷接洽西南團結諸事宜。據黃云，他一家廿七口，只逃出父子二人，情形很慘。端木鑄秋過談，當前時局，尤關

國民大會事。

10 月 12 日　星期一

上午九時至貴陽街實踐堂參加總理紀念週，推余主席。由大陸救災總會方秘書長報告，此次到韓國慰問反共戰俘、中國義士。午後四時湯恩伯、徐佛觀介紹日本學者（漢學家）安岡正篤來晤。安岡說二二六事變是日本最大轉變。余曰這日本法律與軍紀之失敗。余曰日本軍隊到中國，有一件事使人滿意，就是保護寺廟，尊重念佛的人，最使人難忘一件事，就是大屠殺。計談四十分鐘。最後余說我到台灣，未同任何外國人，尤其是日本人見面，今日由湯、徐兩君陪同閣下見面，非常滿意。

10 月 13 日　星期二

上午偕麗安到衡陽街遊覽。晚間麗安又同我發生口角，真是不幸。

10 月 14 日　星期三

上午九時卅分參加中央常務會議，蔣總裁親臨主席。中央第六十二次常務會議，決定第七屆中央委員會第三次全體會議，定于本年十一月十二日在台北召開。午後五時半至王寵惠家中參加小組會議，討論問題：美國副總統尼克森東來，我們如何提出積極性的建議。

10月15日　星期四

　　日前收到馴叔十月四日來信，內稱：「少宮教書甚忙，每週教課十五小時，準備時間更為加倍，暇空極少。兒則忙于家務，一個人做中國幾個傭工事情，如奶媽事情、燒飯事情、洗衣事情、打雜事情、車夫事情等等，因此一天到晚沒有空閒。」如此辛苦，我們無限同情，遠隔海洋，實在無法幫忙，當即復信。今日（十五）致申叔函，要他常常與馴叔通信，使馴叔得到安慰。中央銀行理監事任期屆滿（余仍繼任常務理事）。奉總統十二日命令，特派吳忠信為中央理事，並指定為常務理事。

10月16日　星期五

　　李崇年、翁之鏞（序東）上午十一時過訪。談孫洪芬先生逝世，擬開追弔會，請余做發啟人。余贊成，並捐會費一百元。孫係皖南人，中阜銀行同事。中午十二時半，蔣總裁約評議委員談話及午餐，並招待菲律濱華僑吳金聘（福建南安人）、古巴華僑蔣賜福（廣東新會人）、印尼萬隆華僑吳揚明（號啟東，福建澄海人）、舊金山華僑黃伯耀（號亞伯，廣東人），又華僑鄭鼎頤（不知地點）。午後三時，台灣省主席俞鴻鈞在台北賓館招待七十歲以上老人遊園大會，余年七十矣，應約參加。到壽星二百○一人，年齡總和達到一萬六十多歲，最高年齡是一位一百○四歲張高鶚老太太。

10 月 17 日　星期六

我主政新疆時，約有三十萬字日記，擬託前民政廳長鄧翔海（鵬九）代為整理。故于今晨偕伯雄到木柵訪鄧，允代辦理，並商定將無價值、有是非及重複與錯誤等一律除去。旋偕鄧夫婦進城，過新店時訪國大代表雷敬寰兄。雷公出，由其夫人宋英女士接見。宋女士係安徽舒城人，現任立法委員。

10 月 18 日　星期日

上午訪顧墨三兄，他近患膀胱結石症，將入台大醫院用手術。據顧云確有把握。台北吳氏宗親會于本日午後二時舉行秋季祭祖大典，余準時前往參加盛典，祭後攝影。祭典係由現任台北市吳市長三連籌備的。

10 月 19 日　星期一

上午九時參加總理紀週。立法院院長張道藩報告，題為立法院之職權與黨政之關係。

10 月 20 日　星期二

最近三天，台北天氣日暖風和，亦是台北稀之天氣。據紀律委員會張副主任壽賢云，羅家倫同志在印度任大使時，有接濟新疆退出難民一筆公款案，尚未了結。羅氏希望紀律不要管此事，認為不當，必須外交部答復才能決定。此案如何處理，這是本黨指導從政黨員之責也。此案已經過半年之久，外交部延未作復，這亦是外交部不對的。看吳稚老病，膀胱結石，必須開刀，

所有醫生都是如此說法。

10月21日　星期三

　　上午九時半參加常務會議。據謝副秘書長東閔報告赴日本考察兩月結果，本黨在日本黨務大大失敗。總裁對主持華僑黨務中央同志頗為不滿。八十九齡吳稚暉老先生患膀胱結石有年，因其反對開刀，未能根本治療，但現在已至危險階段，經多數專家醫生研究，如施行手術，或有希望。故于本日上午，在台灣大學附屬醫院舉行手術，在膀胱內取十六顆如板栗大小褐色結石，經過情形良好。余于午後三時往視，稚老正在酷睡之中。余目睹十六顆的結石，據醫生云，大的一顆已卅餘年矣。又在台大醫院訪顧墨三兄，亦係患膀胱結石症，將于本星期五施行手術。

10月22日　星期四

　　今日係蔣總統農曆六十晉七壽誕（癸巳年九月十五日），余于上午十時到士林官邸簽名祝壽。下午三時到中國銀行參加董監事會議。

10月23日　星期五

　　午後三時主持紀律委員會十四次會議。討論中央交下從政黨員、立法委員文羣等二百六十人不遵黨的決議，立法委員遺缺不准遞補案，有違黨記，應予議處。此案關係重大，余採慎重處理態度，各委員發表意見很多。其決議：「函請秘書處檢送文羣等二六〇人名單，

並轉知立法委員黨部，查明當時簽署、附簽以及聲明撤
銷簽名詳細情形，分別開具名單，送會以便審議。」蔣
公子經國赴美國考察，日前歸來，兩次來訪。今午來，
因余正在午餐，未能詳談。

10 月 24 日　星期六

葉秀峯過談，研究國民大會開會諸問題，以及當前
財經諸問題。他問我將來召集反共救國會議時，陳立夫
兄是否可以返國。答曰可以順應自然。

10 月 25 日　星期日

今日係台灣光復節，二萬多人警察與民防隊大檢
閱，但天陰有毛毛雨，未免美中不足。值此財政困難，
用費將過百萬。

10 月 26 日　星期一

上午九時參加總理紀念週，國民大會秘書長洪蘭友
報告，對國民大會召開法律問題作詳盡分析。

10 月 27 日　星期二

十月廿一日，蔣總統囑總統府黃局長伯度送來許汝
為十月十二日來函，囑余代研究。惟該函甚冗長，茲摘
其中大意，可分數點：
第一、回憶過去追隨總理革命之抱負，及總理之偉大。
　　　今大陸為共匪竊據，欲求光復，應團結一切反共
　　　力量。

第二、應接受大陸失敗教訓，應自認錯誤。專政二十餘
　　　年，既未實行三民主義，所用者均政客皮條。

第三、當前之主張：1.勿開國民代表大會，召開臨時
　　　國民會議，以繼法統；2.勵行法治，任官唯賢；
　　　3.結束特務政治，保障人民基本權利，放寬台
　　　灣入境限制。

就許這封信研究，其政治主張，不要現在的憲法，另行
召開國民會議，另組政府。如照許氏主張，國內外必定
指責台灣違憲，又將現有在台二千人由憲法產生國民大
會代表、立法委員、監察委員置之于何地乎。許氏自民
十四年下野，迄今廿有六年，思想未能進步，對于世界
新的政治、經濟當然隔閡。此次致蔣信中，尤負義氣，
吾人想為許氏幫忙，亦無從下手。本日（廿七）特約黃
局長來寓，將余擬議該函處理方法面告黃氏，託其轉達
蔣總統。其處理方法：「如正式作復，或置之不理，似
均欠妥。倘有便人在港，或有便人去港，可託其向許口
頭上說明吾人政治之主張（如能帶一簡單信更好），使
其澈底瞭解。」

10月28日　星期三

一、上午九時半參加中央常務會議，午十二時半散會。

二、老友焦易堂兄三週年，本日在善導寺念經，余于
　　一時前往敬禮。

三、孫洪芬先生于九月十三日病故，于本日午後二時社
　　會服務處舉行公祭，推于主祭。孫氏安徽黟縣人，
　　六十五歲，留學美國習化學，多年從事教育。余任

中孚銀行董事長，請孫擔任研究部主任、蕪湖分行
行長。孫氏口學均優，為人和靄。

四、午後五時半訪徐佛觀兄。據云日本漢學家安岡正
篤日前晤余，表示十分滿意。

五、午後六時至張宅參加小組會議，仍繼續上次會，
討論美副總統尼克森來台之對策。

10 月 29 日　星期四

　　吳稚暉老先生病況轉變，大便出血，體溫增高，血
壓降低。今晨八時四十分一度暈厥，經諸名醫會商，用
輸血等等急治方法，轉趨平靜。余午後目睹手足發抖，
口亦發抖。就此種痛苦情形觀之，已至危險階段，惟神
智尚清。此時全靠輸血、注射、氧氣維持耳。

10 月 30 日　星期五

　　泰國華僑資本家林謨雄，其住宅與余住宅只隔一矮
牆。本日五時他招待餐敘，有台中市市長楊基先夫婦等
在座。

10 月 31 日　星期六

　　吳稚暉（敬恆）老先生于昨晚（三十日）標準時間
（非夏令時間）十一時二十八分逝世，今晨閱報始悉，
比即前往台大醫院哀弔。參加上午十一時中央召開臨時
常務會議，決議以全體評議委員、中央委員組織稚老治
喪委員會辦理喪事，推于右任為主任委員，行政院長陳
誠、總統府秘書長王世杰、中央黨部秘書長張其昀三人

為副主任委員，洪蘭友總幹事，蔣經國副總幹事。蔣總
統今日六十晉七（陽曆）華誕，余上午到中央黨部、總
統府簽名祝壽。

11 月 1 日　星期日
因修理汽車未出門，在家整理日記。

11 月 2 日　星期一
上午十時卅分到陽明山革命實踐研究院，參加該院黨政軍幹部聯合作戰研究班第一期研究員開學典禮。蔣總裁親臨主持並訓話，題為軍事教育與軍事教育制度之提示，其歸結應該是哲學、科學與兵學三者相互聯結，相互貫通的教育。

11 月 3 日　星期二
上午十時到總統府參加本月份國父紀念月會。

11 月 4 日　星期三
一、中央評議委員丁鼎丞先生今日八秩大慶，余于上午九時到中央黨部設置壽堂簽名祝壽。
二、上午九時半參加中央常會，總裁主席。
三、下午三時台大醫院看顧墨三病，日內可出院。
四、下午四時回拜新回國魏道明兄及其夫人。

吳稚暉（敬恆）老先生喪禮記
吳稚老于十月卅日下午十一時二十八分病逝（癸巳年九月二十三日亥時）。本黨中央黨部卅一日上午十一時召開臨時常務會議，以中央評議委員、中央委員、候補中央委員組織治喪委員會，于右任為主任委員，陳誠、王世杰、張其昀為副主任委員。是晚九時，在中央

黨部圖書館舉行第一次治喪委員會議。決定于十一月一
日晨移靈博愛路實踐堂治喪，並定于是日上午九時起至
下午六時止，各界瞻仰遺容。二日上午九時大殮，大殮
後開始公祭。三日下午三時奉靈櫬往舒蘭街火葬場火
化，另行擇期舉行葬典。

　　一日上午八時，吳稚老遺體由台灣大學附屬醫院移
本黨實踐堂所設的靈堂後，有各界二千餘人瞻仰遺容。
這是實踐堂第一次用作停靈和治喪處所。

　　全體治喪委員以四人或五人為一班，每班三小時，
輪流護喪。除國父外，黨國元老逝世由國民黨輪流護
喪，也以稚老為第一人。

　　二日上午九時舉行稚老遺體大殮前，蔣總裁親臨實
踐堂，繞靈一週，向稚老遺體注目默哀。至九時正，以
肅穆哀戚氣氛中，進行鳴砲、奏哀樂、恭奉遺體入棺後
蓋棺。本黨中央委員會並推于右任、王寵惠、吳忠信、
張羣四同志，以緞質中國國民黨黨旗一幅，覆蓋于靈櫬
之上。一代完人，從此永別人間。首由本黨委員會公
祭，總裁主祭，于右任、王寵惠、吳忠信、張羣陪祭，
全體評議委員、中央委員、候補中央委員與祭。茲將祭
文黏于後。

蔣總裁祭吳稚暉先生文

　　維中華民國四十二年十一月二日，中國國民黨總裁
蔣中正，敬率中央委員會全體同志，以香花清酌，致祭
于吳稚暉先生之靈，曰：

　　嗚呼先生，吾黨師保，達德達尊，皤然國老，

國父之友，邦家之堡，赫赫巍巍，崇論宏道，

惟公弱歲，奇氣如虹，通俗致用，不事雕蟲，

蒿目世變，思挽頹風，橫濱傾蓋，主義攸從，

作育興賢，實惟素願，里昂儉學，宏規斯建，

手創注音，以利講貫，橫舍所資，幼學無困，

本黨改組，密勿相誠，總理大漸，顧名是參，

北伐定策，贊畫身擔，首議清黨，彈章如鍐，

國有大謀，折衷至正，膽肝瀝陳，訏謨定命，

耄期之年，風身猶勁，反共抗俄，志尤堅定，

筋力就繭，神明不衰，方茲戮力，共趣鴻逵，

胡天弗弔，而不愁遺，馨香作薦，涕泗如沝。

尚饗。

　　三日下午三時稚老出殯，是時蔣總統親臨，率領全
體治喪委員舉行啟靈祭後，總裁先退，治喪委員執紼送
喪。經過中央黨部公祭，靈車過處，民眾夾道肅立致
敬。靈車于四時十五分抵舒蘭街火葬場，吾人再三鞠
躬，行最後別靈祭，五時舉火。一代宗師的精神，雖將
長留人間，而有形的軀體，則于若干小時後化為灰塵，
離開他曾經生活八十九年塵世。

　　蔣總裁挽稚老「痛失師表」。

　　余挽稚老「榮利兩忘懷，世德紹吾宗季子；人天今
永訣，高風仰海國梁鴻。」

　　吳稚老骨灰于四日午後自火葬場取出，裝于香沙木
製小箱內，恭送至忠烈祠暫厝，箱上刻有「吳公稚暉之
靈骨」。

　　五日下午五時半，舉行吳稚老治喪委員會第二次會議。決議遵照稚老遺囑，火化後海葬，至海葬日期由中央常會決定之，並發表稚老遺囑。至其他遺物等等，由中央秘書處處理之。治喪會隨即閉會。

　　稚暉先生以布衣的精神，對黨國貢獻其聰明才智。國民政府奠都南京以後，雖曾被任為國府委員，及總政治部主任，始終未嘗到任。清黨以後，更立誓不做官（正如我四十歲後決心不帶兵，同樣道理）。

　　稚暉先生江蘇武進人，六歲喪母，育于外家吳錫鄒氏，所以大家往往說他是吳錫人。

　　稚暉先生科第出身，主張維新，所作文字多屬詼諧風趣，嘻笑怒罵，不避俚俗，不拘一體，別具格調。他的國學根底極深，而于音韻學方面尤多創見。他的書法與篆刻也都是曠世難逢。如此多才多藝，無處不使人欽佩。

　　稚暉先生信仰無政府主義，而以三民主義為實現無政府主義之階梯，對國父之信仰益堅。

　　稚暉先生享壽八十有九，可無遺憾。滾滾諸公如稚老其人者不可復得。

　　我于民國元年在南京初次與稚先生見面，迄今四十有二年，並于廿五、六年在南京，同住張靜江先生所辦建設委員會招待所，先後約年餘。往返切磋，更深知稚老之為人，平民化、青年化、生活簡單、手不釋卷，可為吾人之規範。我有稚老親筆函，並有我最歡喜龍珠感舊圖、恕庵禮佛圖兩個手卷，均經稚老題□。尤以禮佛圖解釋我的名與號的長篇大作，真是難得國寶。稚老病

逝前一月，余往探視，稚老久握余手不放，依依不捨，
似有前知。後數次往視，或因精神不振，或因手術後疲
勞，未能交談。今其逝也，誠黨國之大損失，嗚呼。

11 月 5 日　星期四

　　友人谷正倫（紀常）兄，貴州安順人，于本月三日
上午十一時病逝台北中心診所。移遺體于極樂殯儀館，
余比即往弔。組織治喪委員會，推定何應欽兄為主任委
員，我為委員。十一月五日上午九時大殮後，治喪委員
會舉行公祭。因紀常天主教徒，故在天主教公墓安葬。
余與紀常係于民國十年會師桂林初次見面，後來國父駐
節桂林，余任桂林衛戍司令，紀常任黔軍旅長，相處甚
得。北伐完成，定都南京，紀常任憲兵司令，嗣任甘肅
與貴州省主席。他有正綱、正鼎兩位有能力胞弟，所以
喪事非常妥善。往弔者三千人。

11 月 6 日　星期五

　　最近一星期中，兩次祝壽，兩辦喪事，較為疲勞。
故今日上午拜客，下午休息。

11 月 7 日　星期六

復申叔函及其來函大意

　　在上月下旬收到申叔十月十四日來函，及為蔣總統
祝壽圖，其大意是：「繪成總統祝壽畫一幅。該畫含意
頗深，以法國新派畫之思想創作法塗成，（靈感）圖中
之竹為祝字之同音，桃瓶為壽字之意義。此畫完成甚費

心機，曾先後塗成三幅，其中略有更改，乃中西古今希有之神品也。呈獻與否，請父親大人作主。另畫稿人物一幅，半小時繪成，乃隱士林和靖梅妻鶴子意。」

十月卅一日囑伯雄代復一函，在距蔣總統華誕前數日，收到你為總統祝壽圖。時間未免太遲，來不及請于、許諸老先生作詩題字，至少要在三星期前送去，或可辦到，你去年請老先生們題字，有延至二月之久者。就是裝裱亦來不及。倘不題、不裱呈獻，似欠鄭重，或俟總統壽誕後再行補送，亦未可定。老太爺說，無論辦什麼大小事，百分之百要把握時間，當此原子時代，時間乃一切成功之母。又說你此次寄來祝壽的竹瓶畫，作風大改，其光線清清楚楚，桃瓶顏色正如康熙磁豇豆紅，章法如西畫靜物，也似中國文人工筆畫，又似宮苑古畫，很有中西合璧的精神，可惜一般人不懂其中精奧耳。至繪林和靖梅鶴圖，線條老練，遠非往昔線條可以比擬。此件在當前可以雅俗共賞，古人很多如此畫法者。老太爺預備親題梅妻鶴子四字。

惟仁老太太致馴叔兒函

馴叔現在為照料家務與小孩，異常辛苦，曾經生病，我們實在掛念。惟仁老太太于十月卅一日致馴叔函，要他注意傷風。大意是：「台灣氣候變化無常，甚至一天有幾個變化。我入秋以來身體很好，你父親身體很好，其原因就是『慎風寒，節飲食』。所謂慎風寒者，就是冷熱拿穩，台人俗語『即穿即脫，不用吃藥』，就是不怕麻煩，冷即穿衣，熱即脫衣。我們還有

一個經驗，就是過堂對穿風最易傷風，例如門窗相對的
所吹的風是穿堂風，我國北方人最怕這種風。所謂節
飲食，並不是少吃，要不多不少吃，是有限度吃，合乎
營養。」

11月8日　星期日

美國副總統尼克森夫婦由香港，于下午一時三十分
飛抵松山機場，此時蔣總統夫婦已蒞止機場貴賓室。尼
氏于檢閱儀隊後，即偕同夫人至貴賓室與蔣總統夫婦會
晤。兩對夫婦乘禮車兩部前往士林總統官邸，為蔣總統
夫婦上賓。我政府首要、名流碩彥數百人機場歡迎，民
眾夾道歡呼，情況空前熱烈。

11月9日　星期一

上午九時參加中央紀念週，推我主席。中央黨部副
秘書長謝東閔報告考查日本觀感。今日農曆十月初三
日，為庸叔二十歲生日。庸叔現在台灣大學二年級，讀
農業工程水利系。這是中國亟需要的工程，如機會許
可，希望能出國深造，亦是了我為父責任。庸叔性質忠
實，行為衝動，其神智不能控形體，是其最易吃虧，甚
至失敗。

11月10日　星期二

下午六時吳市長三連在其寓所招待晚餐。均是吳氏
宗親，有吳國楨老太爺、吳鐵臣、菲律濱華僑巨子吳
金聘，及本市青年工商業吳火獅、吳丙寅、吳俊傑等

在座。

11月11日　星期三

上午九時半參加中央常務會議。下午六時到總統府，參加蔣總統夫婦招待美國副總統倪克森夫婦酒會。計到政府高級人員二百餘人，一一與倪氏夫婦握手。

11月12日　星期四

中國國民黨第七屆中央委員會第三次全體會議開幕典禮，于本日（十二）上午十時在陽明山大禮堂，與總理（八十八歲）誕辰紀念合併舉行典禮。蔣總裁親臨主持典禮，並致訓詞，勗勉全黨同志完成復國建國使命。參加開幕儀式的中央委員、中央評議委員、候補中央委員及中央委員會所屬各處組會正副主任、各委員會委員，共計二百零八人。開幕儀式完成後，即舉行預備會議，通過全體會議規則，推舉大會主席團，大會會期預定三日。上午十一時全體會議舉行第一次大會，張秘書長其昀報告黨務，條分縷析對證圖表加以說明，尤置重鄉村建設與大陸革命運動等等。十二日下午三時舉行第三次會議，行政院長陳誠以從政黨員作施政報告，至六時報告完畢。

11月13日　星期五

上午九時到陽明山參加黨務組審查會。上午十一時半參觀新建築國父史蹟紀念館陳列廳。

11 月 14 日　星期六

上午九時參加三中全會第三次大會，通過修正中委會組織案，對下屆總統、副總統本黨候選人，將召開臨時中全會，再決定提名。下午三時參加第四次大會，通過上屆中常委連任後，舉行三中全圓滿閉幕。總裁訓話，並在全會中提出民生主義育樂兩篇補述。至六時半閉幕儀式完成。

11 月 15 日　星期日

近月來美國副總統倪克森、美國海軍軍令部長卡尼上將、國會議員周以德等先後來台，可以說美國對台灣觀感已到最高潮。台灣居被動地位，世人都畏戰，吾人前途須自己努力，否則常此以往，殊為可慮。連日開會，稍覺疲勞，上午休息。午後訪楊亮功、徐永昌，因他們均在患病之中。

11 月 16 日　星期一

申叔赴英國來函及復函

申叔十一月三日、六日由倫敦來函，大意：「上星期四（廿九）以段公使私人秘書身分隨段來倫敦。段此行是出席國際糖業會議，並在倫敦會見很多中國書畫家，如趙少昂等。」又八日來函，已回抵巴黎。

由伯雄于十一月十五日代復申叔一函大意如後

倫敦、巴黎來函均收到。你以段公使私人秘書隨赴倫敦，深感段公盛意。兩位老人家非常歡喜，老太爺說

認為你倫敦之行，大開眼界，而與趙少昂諸畫家見面，收穫更大。老太爺說，你現在應求身體健康，為當前唯一最高目的，也是你自己責任，要你注意。上次寄來為總統祝壽圖，已請于老伯題字，如裝裱不走樣，決定補獻。姚谷良看見你祝壽圖、梅妻鶴子圖，稱贊進步神速。老太太說天氣已冷，不可受涼，要你做皮大衣。

11月17日　星期二

友人趙志垚（淳如）老母陳太夫人于昨日病逝，享壽八十八歲。余于本日上午特往極樂殯儀館弔唁。老太太兒孫滿堂，福壽全歸。為應付當前環境，自處之道有：「一、決不向人告窮；二、必須避免是非；三、決定堅守崗位。」此乃消極自處之道也。

11月18日　星期三

上午九時半參加中央常務會議，決議遵照吳稚暉先生遺囑，骨灰海葬。于十二月一日將骨灰用飛機運至金門，然後用船投諸于海。下午五時參加裕台公司董事會。

11月19日　星期四

老朋友、老同志吳鐵臣兄于今晨（十九）八時因心臟病逝世，享壽六十六歲。余于午後二時親往極樂殯儀弔唁。午後四時參加本黨中央常務會臨時會，決定推張羣、何應欽、張道藩、俞鴻鈞、蔣經國及我等六十四人為鐵臣辦理喪後事宜，組織治喪委員會。今晚九時舉行

治喪會首次會，決定鐵臣兄遺體定于本月二十二日（星期日）上午七時在極樂殯館大殮，另行擇期安葬。鐵臣兄奔走國事，服務中央黨部歷史很久，曾任中央黨部秘書長、上海市長、廣東省政府主席，現任本黨評議委員及總統府諮政。

11 月 20 日　星期五

午後訪顧墨三兄，他已經出院，漸漸恢復健康，仍須予以休息。

11 月 21 日　星期六

徐佛觀兄由台中來台北弔吳鐵臣兄喪事，本日上午過談一般國際形勢，留午飯。

本晚致申叔函囑其健身為要

孟子曰：「魚我所欲也，熊掌亦我所欲也，二者不可得兼，舍魚而取熊掌者也。生我所欲也，義亦我所欲也，二者不可得兼，舍生而取義者也。」

大學有曰：「物有本末，事有終始，知所先後，則近道矣。」

為申叔曰：「繪畫我所欲也，健身亦我所欲也，二者不可得兼，舍繪畫而取健康者也。」

因申叔一切成功在健身，繪畫居次要地位。健身是本，繪畫是末，健身在先，繪畫在後。果明此道，則身可強，畫可成也。

11月22日　星期日

吳鐵臣兄本日上午十時大殮後，余等治喪委員會祭奠。繼之國民黨中央委員公祭，蔣總裁親臨主祭，陪祭者于右任、賈景德、王寵惠、張羣、何應欽、陳誠、張道藩、吳忠信、章嘉、全體中央委員、中央評議委員。

11月23日　星期一

上午九時參加中央紀念週。今日是居覺生先生逝世二週年紀念，假善導寺舉行紀念儀式，余于上午十時前往敬禮。午後前伊朗公使鄭一同過訪，暢談中東形勢，認為中央未能注意，非常可惜。鄭又說他是前中央委員，因來台較遲，已過本黨登記時期，現在無法登記。

11月24日　星期二

羅時實、吳鑄人午後五時過訪，談談當前時局。午後六時至台北賓館出席中央銀行第八屆第一次會議。其第八次新理監事名單如下：俞鴻鈞、嚴家淦、張羣、尹仲容、吳忠信、徐柏園、李壽雍為常務理事。朱家驊、張其昀、張茲闓、任顯羣、孟昭瓚為理事。龐松舟、陳良、張承槱、馬超俊、賀衷寒、耿幼麟、陳啟川為監事。俞鴻鈞為中央銀行總裁。報告本行理監事暨總裁奉令任免情形，及監督台灣銀行發行情形等十案，討論本行暨所屬中央印紙廠四十三年度預算等四案。散會後聚餐。

11 月 25 日　星期三

上午九時半參加中央常務會議，討論美國將琉球群島中奄美島逕行交還日本，有違和約，不能同意。立法院通過決議，反對奄美交日，主張照金山和約規定辦理。

11 月 26 日　星期四

下午五時半到何敬之兄家參加小組會議，並在何家便飯。

總統府秘書長王世杰免職

總統府秘書長王世杰免職，鬨動中外。當時報載總統府秘書長王世杰奉命免職云云，但總統原令是這樣：「本府秘書長王世杰不盡職守，應予先行免職。該秘書長職務派副秘長許靜芝兼代。此令。」全文未發表，因此各方亂加批評。至十一月廿五日，中央通信社發表消息，謂總統府秘書長王世杰十一月十七日奉命免職，茲採錄原令如次：「總統府秘書長王世杰，蒙混舞弊，不盡職守，著即免職。此令。」兩次新聞公佈，並非以國府正式公佈，于命令程序不免紊亂。查自國民政府成立以來，如此大員免職，如此程序，尚屬初次。並以蒙混舞弊，有犯刑事，雖免職，案未了，可能繼續發展下去。不管轉變如何，王氏聲譽，一落千丈。

11 月 27 日　星期五

大韓民國總統李承晚來華訪問，本日午後一時四十

分飛抵台北機場，蔣總統親往機場歡迎。此為友邦元首
訪華第一人。韓戰雖已停火，但韓國政治商談又瀕僵
局，熱戰且有再度爆發之勢。在此嚴重關頭，李總統以
七十八齡，竟不辭長途飛行之苦前來訪問，在中韓邦交
上更有價值。李總統為民族、為國家，而和強暴政權作
了垂六十年苦鬥，真是千錘百鍊身，是大韓民國創造
者，是全韓愛國志士團結中心象徵。中韓兩國在歷史
上、地理上均有密切關係，休戚相關，利害相共，堪兄
弟之邦。下午三時出席第十五次紀律會議。

11月28日　星期六

李承晚總統本日在台北的活動

一、本日午後三時，我國國大代表及立、監兩院委員
　　聯合歡迎李總統。會中李氏發出呼籲，大意亞洲
　　自由國家領袖，應舉行反共會議，為東南亞集體
　　安全締結協定。

二、中國蔣總統、韓國李總統于本日（廿八日）在台北
　　舉行會談後，于午後五時發表聯合聲明。其中要
　　意：中韓兩國聯合籲請亞洲一切自由國家，共同組
　　織反共聯合戰線。兩國保持堅強團結，擊敗共黨
　　侵略，並懇切期望其他愛好自由之國家，尤盼位
　　于太平洋之國家，如美國者，能予以道義及物質
　　的支持。

三、午後六時至國民政府大禮堂，參加蔣總統伉儷歡迎
　　李總統盛大酒會，並介紹政府首長、民意代表、
　　各駐華使節與李總統晤面，一一握手。

四、本晚七時半蔣總統以國民黨總裁身份，設宴招待
　　李總統。參加晚宴有我等評議委員及中央委員。
　　李總統于席間甚讚國民黨前途光明，李氏並說一
　　個政黨要為全人民謀福利，否則祗分政權，乃是
　　流氓的組織。

　　　李承晚總統深通漢學，久受耶教與美國教育，先後
留居美國卅餘年。不但瞭解民主政治，而且瞭解美國人
性質、風俗、習慣等等。

11 月 29 日　星期日

　　　韓國李承晚總統于返國離華前舉行記者招待會，希
望太平洋區反共國都能參加會議，暗示中韓將發揮現有
力量，可能發展某種軍事同盟。李總統上午十一時十分
乘專機返國，蔣總統暨夫人親往機場送行。

11 月 30 日　星期一

　　　上午九時參加中央紀念週。中央常務委員陶希聖報
告總裁對民主主義育樂兩篇補述的精義，內容分為三部
份，第一部為民生史觀的確立，第二部份為改革社會的
方法，第三部份為育樂兩篇內包刮的社會計劃。

吳稚暉先生遺囑
中央社訊

　　　吳稚暉先生於民國三十二年寓居重慶時，第一次
患小便閉塞症，自覺病況嚴重，恐致不起，曾立有遺
囑。四十年九月在臺舊病復發，再立遺囑。按吳先生於

三十二年預立遺囑時，渴望抗戰勝利，與近數年來企求反共勝利革命建國成功之心，同其殷切。至其謙沖與薄殮薄葬之意，亦與四十年九月所立之遺囑始終一貫。茲於遺著中檢出一併發布如左。

（一）民國三十二年之遺囑：

不意猝斃，恨不見最後勝利。

生平負罪之處甚多，但力戒有心為惡。遺骸燒亦可，葬亦可，但決不可厚殮，更無須運屍。我家子女皆能自立，決不受撫卹，我個人決不受何種褒揚，免使抱愧地下也。願總裁與諸同志及邦人君子，早日抗戰必勝，建國必成。

敬恆

（二）民國四十年九月之遺囑，係用代擬總統令文之語氣，文後並親加註釋。按先生平日言談及文字，往往以詼諧出之，茲謹照錄原文，以存其真。

✗✗年✗月✗日奉總統令：

總統府資政✗✗✗遺囑火化於中華民國✗✗年✗月✗日，骨灰由海艇國葬於中華民國南海。此令。

用百元雇一漁艇，張旗曰國葬艇，即所謂骨灰由海艇國葬矣。

骨灰置一小瓦器，用繩密繫之。

若推墜此器于海時，雇四樂工大奏國樂（非國葬而海葬者可省），尤副國葬之實。禮盛費省，以合火化海葬之意。

四十年九月廿七天明時候

此外尚有一遺囑，係書於四十年九月十三日夜半者，所述皆屬家事之處理，茲不具錄。

12月1日　星期二

　　吳稚暉先生靈骨本日運金門海葬，以崇先生之遺意，兼副先生故土之殷期。余于晨七時半到松山機場，稍頃吳先生靈骨由圓山忠烈祠恭移機場，由于右任先生領導敬禮後，並向吳先生靈骨致別詞，甚為沉痛。于先生說道，先生遺命葬先生于南海，願先生骨灰化為百千萬億之祖國精神，拯救百千萬億更苦更難之同胞。于先生致詞後，專機于八時起飛，張其昀、洪蘭友、蔣經國、狄膺、張壽賢隨機護靈，于九時四十分飛抵金門。恪遵先生遺囑，在其遺款內以一百元雇一漁船駛向港口，于中午十二時正式舉行葬儀，恭葬入海。海葬處適在大小金門之間，于此反攻前線安葬吳先生靈骨，于前方士氣莫大之感奮與鼓勵。上午十時參加總統十二月份國父紀念月會，由司法院副院長報告司法工作概況。

12月2日　星期三

　　上午九時半參加中央常務會議。陳誠主席，至十二時散會，並通過重要外交人事案，外交部政務次長胡慶育調駐阿根廷大使、沈昌煥外交部政務次長、吳南如新聞局局長。

12月3日　星期四

　　羅家倫（志希）兄午後三時過訪，說明他前在印度大使任內經管一百二十萬盧比被人控告一案。內中九十九萬五千在印度凍結，其餘二十萬餘為救濟由新疆退出軍民人等云云。余答曰：「紀律委員會專待外交部

復函，然後提交紀律委員會審議，再報中央常會。」查該案民國四十年七月十三日，中央改造委員會整肅小組（限于中委）接到檢舉羅家倫案，審議結果，擬具意見：「原檢舉事實為接濟流落印度國軍軍官費用報銷問題，擬請交由紀律委員查明審議。」中央改造委員會決議照辦。紀律委員會四十一年十二月二十六日第二次會議決議，分函總統府秘書長王世杰同志、行政院陳誠同志及黃少谷同志，詢問匯款及報銷情形，王、陳皆有復函。本年四月三日函外部葉公超同志，問報銷情形。又于十月十二日函催葉部長，迄未答復。

12 月 4 日　星期五

伯雄于十二月二日致申函大意如後

一、老太爺說你的作品有進步，他是很歡喜，他的財力來不及幫助你的進步，殊為可惜。

二、一般人在法國設畫室早有所聞，皆是多年計劃及具備一切條件而後做得到，決非一蹴而成的。

三、南畫大成、中國名畫集等全部畫譜，已于十一月二十四日由郵局交船寄五包（限定最多五包），廿五日寄五包、廿六日寄四包、廿七日寄四包。又于十二月一日由航空寄畫稿一包，計一百五十張，又木刻畫譜及大千照片共一包，並由船寄畫稿一百八十五張，附清單一紙，希查收函復。誠如來信所說，片紙不留。

四、你存家裱好的畫均裝在箱內妥善保管，家已數月未掛你的畫，恐掛久傷毀之故也。

五、松鼠等畫寄遞困難，需先送審查，再到台灣銀行
　　結匯，然後納稅寄出。不僅費用太多，而且手續
　　麻煩，故未寄。

六、送總統祝壽畫，于老先生還未題好。

12月5日　星期六

　　總統府秘書長更調應行交接事宜，總統指派余監
交。定于本月五日十時交接，余準時前往總統府監交。
除前任王秘書長世杰、現任副秘書長兼代秘書長職務許
靜芝出席外，其他府內所屬各單位負責者一律參加。于
移交總冊閱後親自蓋章，其他清冊各派員代為蓋章，余
託總統府機室主任陳宗熙兄代為蓋章。查十二月五日係
余與陳英士先生、蔣總裁等于民國四年十二月五日上海
肇和起義紀念日，回憶當年，感慨萬端。立法委員王新
衡、張慶楨先後過訪。王係訪問性質，王曾在香港辦大
陸遊擊工作，為敵人暗殺，傷肺部。張係為王雪廷（世
杰）案有所詢問。答曰不知道案中情形，希望大事化
小，小事化了。

12月6日　星期日

　　洪陸東兄先生在延平南路一〇一號信用合作大樓舉
行草書預展，余前往參觀。台灣地方小、閒人多、是非
多、意見多、謠言多，稍一不慎，易生事端。

12月7日　星期一

　　總統府副秘書長兼代秘書長職許靜芝本日來函謂，

奉總裁十二月三日諭：「關于本府前王秘書長世杰辦公室辦理案件卷宗，派吳資政忠信、許代秘書長靜芝、黃局長伯度、周主任宏濤組成小組負責檢查。至有軍務案件之卷宗，派桂參軍長永清、俞顧問濟時負責檢查，並指定許代秘書長為召集人」等因，用特函請察照為荷。

12月8日　星期二

余前在新疆任省主席時，有大部日記係由沈兆麟、蔣長春、徐君浩、張世傑四位青年人主辦者，內容豐富，余多未過目。其中應行刪改之處很多，特託前新疆民政廳長鄧鵬海兄代為整理。本日與鄧詳細談整理方法，並留鄧午飯。午後二時卅分到裝甲軍官俱樂部，參加國民大會代表全國聯誼四十二年度年會籌備委員會。計到籌備委員八十餘人，交換四十二年度年會及將召開之國民大會意見。結果推張羣、何應欽、吳忠信、莫德惠、谷正綱、王雲五、薛岳、何成濬、馬超俊、徐傅霖、陳啟天、沈慧蓮等十二代表，組專案小組研究進行。至午後五時散會。

12月9日　星期三

上午九時半參加中央常務會議。討論立法院本黨立法委員文群等二六〇人簽名向立法院提議，立法委員缺額問題應與國民大會代表遞補問題同時解決。未經中央核示，有犯紀律，交紀律委員會議處。此案經過與內情甚為複雜。嗣由立法院黨部呈復，事先透過黨部小組會議，該案限于向上級黨部建議，不意未及中央核示後，

而提案即排入立法院議程。此固本黨部與立法院聯繫上
之疏忽，亦係候補人急欲遞補過于操切之所致等因。嗣
經紀律委員會會議，認為立法院黨部既知疏忽，應免予
議處，飭知該黨部今後切加注意。又經余口頭向黨會說
明，並謂表面上說注意，精神上就是警告。經常會通
過，照紀律委員會提案辦理。一場風波，安然過去，這
是余任紀律委會比較較大之案件。

12月10日　星期四

　　上午九時至鐵路飯店，出席國民大會全國聯誼會
四十二年度年會，有關問題小組會。

12月11日　星期五

　　本月八日，美國總統艾森豪列席聯合國大會，發表
一篇驚人演說。原子能應用于和平，應設立國際機構管
制，原子競爭，將毀滅火化。原子彈在今天威力較原子
時代開始時，大過五十倍。美國氫氣彈威力大于百萬噸
黃色炸藥，美國原子武器力量能毀滅侵略者國土。艾森
豪此次演說，一方面威脅蘇聯等共產國家，一方面安定
美國等民主國家。午後五時半到新北投陳伯蘭兄家出席
小組會議，即在陳家晚餐，菜甚豐美。本小組會議討論
大陸工作游擊隊問題，有人以為太分散，主張要有統一
機構，亦有主張分開亦有利益。余則主張不管分合，要
在得人才，如在強盛時代，或者可以分開，如在衰敗時
代，必須合一。

12 月 12 日　星期六

最近三日天氣轉寒，可以穿皮。土語：「不識字好吃飯，不識人難吃飯。」上二語確有很深的道理。

12 月 13 日　星期日

司法院王亮疇先生昨日午後過訪，適余外出，今晨特往訪王氏。據云因前總統府王秘書長世杰案，主張適可而止。余表示贊成此原則，特問王氏如何可以得此目的。王曰大家想想罷。余又曰總統既有明令，王世杰蒙混舞弊，在司法、監察兩院均有檢舉之責。王氏深以為然。中央黨部張秘長其昀十時過訪，談王世杰案。余曰總要想一個了的辦法，一方面保持總統尊嚴。余又告張秘書長羅家倫案，兩次詢問外交部，迄未答復，紀律委員會將再提案討論。張曰可派副秘書長周洪濤先生問外交部云云。吾人對于羅案毫無成見，希望外交部答復，予以了案，否則紀律委員會難免有關職責之議。

12 月 14 日　星期一

上午九時到實踐堂參加中央紀週。由評議委員蔣孟麟主席，沈宗瀚報告台灣四年農業建設計劃。午後三時偕麗安訪問蔣老太太，適今日為蔣太夫人九十冥壽，蔣府正在家祭。余等比即敬禮，此乃難得之機會也。

12 月 15 日　星期二

午後四時至總統府出席檢查王前秘書長辦公室案件小組第一次會。先由召集人許靜芝先生報告經過情形，

共商之下，決定先派人將三百八十七件卷宗分別輕重，
報告小組會。余強調在檢查期中務必嚴守秘密。至五時
半散會。

12月16日　星期三

民主社會黨常務委員孫亞夫之尊翁佩紳在原籍六合
縣去世，本日十普寺開弔。余與張壽賢于上午十時前往
致祭。

致申叔親筆一函（十二月十五日）

一、你肯幫助人，是做人一種美德。但你當前時間金
　　錢、身體須人家幫助你的，不可反因為果。

二、社會正當交際是做人所必需的，但無意義的社交
　　是有損無益的。尤其不可因社會交妨害自己有為
　　時間及生活費用與夫身體健康，否則俗語「捨命陪
　　君子」，這是最不值得的。

三、輕然諾是做人最吃虧的，如有朋友託你的事，須詳
　　細考慮有無把握。如輕于答應，不能兌現，致使朋
　　友失望與輕視，甚至受朋友所託，自己無辦法，再
　　轉託第三者設法，是十分之八九不可能的。其結果
　　使雙方不滿意，自己夾在中間，十分為難，大失信
　　用。就是你請託人家的事，亦是往往不能兌現，一
　　切事要靠自己的。

四、求事業之急進是青年人最難得的精神，但往往因
　　力量與時間來不及，反生很多感慨，徒傷身心。
　　正如你前次來函謂：「心有天高，命如紙薄」。孟

　　子曰：「雖有智慧，不如乘勢，雖有鎡基，不如待時。」你的唯一寶貴時間在強健身體耳。

　　以上所諭，兒都很能領悟的，老父不憚囉嗦，實因愛子情深耳。

12 月 17 日　星期四

　　應王亮疇先生約于上午十時見面，仍談王世杰案。他希望不要擴大。余曰該案內容尚未明白，我無任何意見可以發表的。王要我向總統進言。余曰現無必要，必須將案情弄清，再看情形。

12 月 18 日　星期五

　　午後三時主持紀律委員會第十六次會議，會後全體委員及工作同志在台北賓館舉行年終聚餐。午後六時張秘書長其昀在台北賓館招待中央評議委員、泰國華僑領袖雲竹亭晚餐，約余與于右任等作陪。

12 月 19 日　星期六

　　上午十時到僑園訪雲竹亭先生，談半小時。午後雲先生復進城訪我，彼此相談極歡。雲先生名竹亭，號茂修，所謂茂林修竹是也。祖籍海南島，現年七十一歲，久居泰國，現為唯一泰國華僑領袖。雲之胞弟等均由雲送往外讀書，在泰國政府任重要職務，都是泰國籍，但雲本人還中國籍。雲甚有修養，相信佛教，現任本黨評議委員，新由美國歸來，不日回泰國。雲老先生不慣國語，特由其姪孫雲昌佐（子才）及其同鄉周今炳任

通譯。

12月20日　星期日

【無記載】

12月21日　星期一

上十九時至實踐堂參加第二次工作會議開幕式，張秘書長主席，並致開會詞。

12月22日　星期二

總統府秘書葉實之因心臟病突發，時在總統府辦公，竟逝世于辦公桌上。隨移極樂殯儀館治喪，余于今晨親往弔唁。葉先生身後蕭條，素來廉潔自持，真可謂書生本色也。余特奠儀二百元。葉氏浙江慈谿人，享壽五十七歲。

12月23日　星期三

上午九時卅分參加中央常務會議，蔣總裁討論明年召集國大代表諸問題。劉抱誠午後來訪，他前次赴美考查農林漁業，已于日前經歐州返國。據云在巴黎與申叔見面。申叔身體好，在巴黎大學讀法律，並一面學畫。

12月24日　星期四

李先良夫人趙士英係國民大會代表，本日午車到台北，出席明日國民大會四十二年年會。麗安特到車站歡迎，下榻信義路余家。

12 月 25 日　星期五

上午九時到中山堂參加一年一度國民大會年會，出席代表一千二百人，情緒熱烈。開會後，陳行政院長演說，明年是非常重要的一年，大家在觀念上和態度上，必須做到：「以創造代替佔有，以團結代替傾軋，以互信代替猜忌，以鼓勵代替責難。」蔣總統于午後四時親臨大會致詞，特別指出國民大會與政府之責任，即在「維護憲法，奉行憲法」。追述第一屆國民大會開會後，不及一年，大陸則遭前之浩劫，矚望首屆第二次大會召開後之一年，即是反攻成功之年。總統致詞誠懇有內容，深得全體代表之擁護。

12 月 26 日　星期六

上午九時到實踐堂參加中國憲政學會，此會係由何雪竹、趙炎午諸君主持者。中央黨部張秘書長其昀因余本年春間七十歲生日，特出邊疆文化論集為余古稀紀念，並于今午招待在台北賓館招待午餐，以于右任、王亮籌、何雪竹、馬超俊、何應欽等諸老同志作陪。在不久以前，張秘書長將我廿九年入藏報告書改為西藏紀要，作為邊政叢書，由中央文物供社出版，此等美意，殊深感謝。

茲將張秘書長序言錄于後

吳禮卿先生于對日抗戰期間，奉國民政府令派，前往西藏，主持第十四輩達賴喇嘛轉世事宜。於民國廿八年秋，由渝起程，至廿九年夏，任務完畢，東返陪都，

著有「入藏報告」一冊。是書根據實地考察之結果，詳
述西藏史地、宗教、政治、經濟、社會、文化、軍事以
及對外關係，實為研究西藏問題一最可寶貴之文獻。禮
卿先生邦國碩彥，其謀慮之精誠，籌略之深遠，亦可於
此見之。茲由中央文物供應社重為印行，名曰「西藏紀
要」，列為邊疆叢書之一，以供國人研究邊情者參證之
需，誠一快事。

張其昀敬誌　四十二年十一月

12月27日　星期日

午後謝冠生、翁序東等過訪。

12月28日　星期一

上午十時半到陽明山革命實踐研究院國父紀念週。
總裁主席，宣讀訓詞「孫子兵法與古代作戰原則以及今
日戰爭藝術化的意義之闡明」，至午十二時二十分散
會。美國參謀首長聯席會議主席雷德福上將，與主管遠
東事務助理國務卿勞勃森結束其訪華之行。雷氏宣稱
「美對華軍經援助將仍照原定計劃繼續執行。至裝備中
國武裝部隊計劃，正在推行途中。」土地銀行董事長蕭
青萍由美經法返國，午後與余會晤。據云申叔招待遊覽
巴黎。申叔身體較前好，不過功課太忙。

12月29日　星期二

【無記載】

12 月 30 日　星期三

　　上午九時半參加中央常務會議。討論外人投資案，又關于明年二月十九日召開國民大會本黨提總統、副總統候選人案。張秘書長主張一月十五日召開本黨全體會議決定，亦有人主張二月初一日召開會議者，決議簽呈總裁決定。至午後一時散會。午後五時至泉州街國聯同志會出席小組會議，諸同志認為飛機場聯合檢查站人員成度太低、太無禮貌，亟應加以改善。申叔為蔣總統祝壽畫，經于院提後，今日始裱好。立即拍照，於今日午後託周宏濤面陳蔣總統。此畫之經過情形，詳載伯致申叔函。

12 月 31 日　星期四

四十二年之回憶

一、國際局勢。見黏于後面新生報一年世界局勢回顧一紙，其論斷正與余所見相同。

一年世局回顧

一年容易又春風　僥倖並未發生大戰

世界局勢變化多　始而好轉　繼而惡化　終而僵持

　　美國民主黨當政的時候，有很多政治和軍事領袖們，估計蘇俄到一九五三年完成她的戰略物資及其軍需工業生產目標之後，俄國即將發動第三次世界大戰，向自由世界國家全面進攻。今天是一九五三年倒數的第二天，僥倖的今年算是很平靜的過去了，固然三次世界大戰，沒有在今年內發生，而今年內自由世界和鐵幕以內

變化之大，卻是往年所不及的。可說因為在一九五三年內自由世界和鐵幕內有這些劇烈的轉變，方才代替了很多人預計在今年內發生的第三次世界大戰。

今年一月二十日美國共和黨宣誓就職，同時宣佈她對鐵幕內國家將實行新的解放政策，是今年一開始的第一大轉變。三月五日史達林暴斃、馬林可夫繼承史魔衣缽宣布為蘇俄總理，又是另一大轉變。前者發生在自由世界，後者發生在鐵幕之內。其後五月十一日英國首相邱吉爾在英下院宣布英國提議舉行「高階層會議」，解決世界問題。六月十六日東德人民發生反共抗暴運動，繼東德人民之後，東歐各附庸國即掀起反共起義的大浪潮。七月十日俄國政府宣布整肅內政部長——全國特務頭子貝利亞。七月廿六日韓國停戰協定簽字。八月八日馬林可夫在俄最高蘇維埃會議發表演說，聲明俄國已有氫原子彈。八月十六日伊朗發生政變，親共產黨的莫沙德政府被推翻，親西方國家的沙赫地總理執政。九月六日西德大選，親西方的艾德諾領導的基督教民主黨得到壓倒多數的勝利，繼續掌握西德政權。十一月三日俄國最後答復美、英、法西方三強，拒絕西方國家一再邀請俄外長參加舉行的羅加諾會議。十二月四日西方三強元首舉行百慕達會議。這些都是自由世界和鐵幕內國家在今年內發生的重大變化，這一半冷戰和一半熱戰的一九五三年，才在這一張一弛的局勢之下徼倖的過去。

二、台灣局勢。在四十二年一切都在努力求進步，如耕者有其田之完成，軍隊之整訓，地方治安之確保，

海外僑胞憎惡共匪，紛紛組織團體回國觀光，並為祖國復興建設而宣力。尤其是反共戰俘義士，為了投奔自由祖國，獲致如期停止（洗腦），震動了全世界。至政府唯一困難，開支浩繁，財政日趨嚴重。

三、私人一年來的大事。甲、全家平安；乙、申叔春間出國，是一件最痛快事，也夠麻煩了；丙、馴叔在美國生子久外甥，是一件很歡喜的事，但馴叔要親自照料子美、子久兩個小人，也夠辛苦了；丁、台中家夏季移台北信義路，及光叔轉學校，也夠傷神了；戊、生活日高，收入有限，家用浩繁，常此以往，在再堪虞；己、任中央紀律委員會主任委員，是余第一次到中央黨部負實際之責者；庚、余年七十矣，國事如茫茫大海，個人身體雖尚健，但不能耐風寒，而記憶力大大減退。尤以兒子尚未得力，都在讀書用錢時候，老年人遇到如此公私不良環境，似覺不幸。余一生所收獲者，人格與信用，余常向兒輩說，我對你們遺產，亦就是人格與信用耳。

伯雄致申叔函（關于送總統祝壽畫）

老弟：

十五日寄給你的信，和以前航空寄的畫譜等，諒早收到，未接來信，深以為念。老太太親自上街替你做一件緊身駝毛襖，是穿在西裝襯衫內的，已于十二月廿二日交郵寄出，諒不久即可收到。送總統畫，已由于老先

生題「為萬世開太平」六字，于十二月十六日送來，上款「總統蔣公六十晉七華誕」、下款「吳申叔恭祝，繪于巴黎，于右任題」。此畫送交于老先生一個多月，老太爺去過兩次，才能提前寫好送來，可見事情之不易。隨請老趙裝裱，商定用米色緞子，嵌黃色綾邊，軸用白色冲牙骨頭，又費時半月之久，于三十日取到。據老趙說「如不乾透，不經久」。在家中掛二小時，畫得好、裱得好、題得好，真正富麗堂皇，漂亮之至。旋往白光拍照，即送周宏濤先生，務于年終卅一日轉呈，如過了卅一日送去，即係四十三年，似覺不妥。為此事奔走幾天，總算如願以償。你寄來賀年片，已收到，都照你所說的分送了。昨天彭醇士先生來說，他也收到你的賀年片，畫得大好了，真想不到進步如此之快。老趙亦收到拜年片，他說筆法進步，與前大大不同了。總之你是天才，固然要隨時繪畫以求進步，但決不可忘記你的身體健康，希望能切實注意。劉抱誠、蕭青萍先後返國，即與老太爺見面，藉知現狀甚好，闔家欣慰。蕭先生云，你功課太忙，應該減少，又說你陪他遊覽巴黎，非常感謝。茲寄祝壽畫照二張，歷本一本（老太太恐怕你不知道陰曆日期），請查收。並盼即來信，以慰二老為要。

曾伯雄頓首　四十三年一月二日

頃據周宏濤先生云，祝壽畫已于卅一日午後面呈蔣總統矣。周又云你的畫進步，而祝壽畫瓶上壽桃尤為特別。

　　余本年農曆二月十八日七十歲生日，雖經一再辭謝慶祝，但各方尚有許多祝壽詩文。如蔣總統親書壽，並派其公子經國來寓慶賀。尤以合肥同鄉感意隆情，由陳銑夫、金維繫、沈氣含諸君一百九十二人請陳惕軒先生作駢文壽敘，由郭元嶠先生楷書，費錢、費事、費時，無任感激。茲將壽敘及同鄉芳名照錄如後。

壽敘

　　白嶽黃山之際，間氣天鍾；夷吾蹇叔以還，名賢代出。文翁召父，彰茂績於方州；誨叔公垂，卓華勳於台省。龍圖直諫，厥有希仁；鹿洞儒宗，允推元晦。常傳樹綏邦之烈，方姚炳經世之文。奕奕家聲，聰訓能貽矩範；堂堂相業，文忠獨具槃才。後先相輝，更僕難數。洎乎晚近，運際維新。奮淮潁磊落之英，預湯武天人之業。莫不功收赤縣，名在青編；而公孫碩膚，元老黃髮，神明不減，靖獻方資，則要以合肥吳公禮卿為尤著焉。公風姿燕頷，門第烏衣。記王氏之三槐，早森喬木；數竇家之五桂，獨殿瓊枝。屬在鵜辰，蓬摧乾陰。君游有聖童之號，昌黎惟兄嫂是依。懼門祚之或衰，寶楹書而恭讀。年十八，負笈白門，籌燈玄夜。局嗟魚爛，志切龍驤。遂改入江南武備學堂，習太公之陰符，授子房以兵法。逮卒所業，輒冠其曹，以成績優異擢任步兵管帶，隸第九鎮徐統制紹楨麾下。多多益善，將才初驗於淮陰；嶽嶽不群，英發何慚於公瑾。風雲感應，值真人革命之秋；海岱馳驅，正志士立功之會。時中山孫先生創同盟會於日本，公列名籍中，擊楫江上。合甘

陵南北部，蒞茲新盟；還燕雲十六州，光我舊物。清廷
遜位，民國紀元，中山先生就任臨時大總統，辟公為南
京警察總監。六街蕩樾，便成鼓腹之康衢；五日居官，
卻似畫眉之京兆。會南朔失和，神姦竊國，公追隨國
父，違難倭京。於改組中華革命黨事，贊襄殊力。側身
西望，暫辭魴尾之王城；掉臂東來，且作虬髯之海客。
怒擊扶桑之水，詎限鵬摶；潛歸細柳之營，徐圖豹變。
於是奉國父命，與今總統蔣公，同參先烈陳英士幕。運
籌於幄，聚米為山；經緯百端，牢籠六合。德宗倚敬輿
為內相，子陵是光武之故人。特達之知，實基於此。及
廣州軍政府成立，有事閩疆，公任前敵總指揮，兼領旅
長。率六千之君子，負弩前驅；撼百二之關河，援桴相
應。軍心爭奮，一鼓而穎叔先登；敵膽為寒，三箭則天
山已定。無何，兵銷北府，鼎鑄南都，公受命為上海警
察廳長，旋調北平裁兵主任，籌畫華北軍事善後事宜。
周官命職，特隆司馘之權；宋祖釋兵，各遂歸田之樂。
蓋至是禮成告廟，政在親民。歸馬山陽，示甲兵不用；
騎驢湖上，與帶礪同休。而公亦出領疆圻，式勤吏職；
入登台輔，弗御戎衣矣。茲請就公郡邑生聚之方，閭閻
撫字之法，粗陳崖略，用廣觀摩。民國廿一年，公任安
徽省政府主席。一路福星，照龍舒之故壤；隨車甘雨，
滌鵲岸之汙塵。本敬恭桑梓之心，以開闢土萊為務。勸
農耕於紫陌，米囊無再放之花；溥教澤於青衿，書帶有
爭榮之草。窮士不遺於牖下，匹夫恥納於溝中。庇中澤
之鴻，大啟爾宇；驅樂郊之鼠，毋食我苗。其間裁撤大
勝關米捐，民尤稱便。稅盡蠲夫間架，算不及於舟車。

守望相親，群盜空通逃之藪；蓋藏無缺，一亭紀豐樂之年。聲動里珂，光生畫錦。比相州之來魏國，若朱邑之在桐鄉。此一時也。民國廿四年，公任貴州省政府主席，時攖寇患，地眷巖疆。西南通邊徼之夷，夜郎最大；草木被使君之澤，苗嶺都青。薙拔強宗，蘭鋤當戶。銷其伏莽，寢成買犢人家；投爾抒蒲，屏絕牧豬奴戲。察州有法，略師漢武之六條；藏富於民，祇課楊炎之兩稅。鏟千畦之鴛粟，黃稼鋪雲；夷九曲之羊腸，青槐表道。蘆笙十萬，爭臚祈歲之歡；甲楯五千，不廢即戎之教。厥後禦倭軍起，奠後方建設之基，為兵食供輸所賴。沐姚江之德化，西士知歸；震諸葛之威聲，南人效順。此一時也。民國卅五年，公任新疆省政府主席。蒼天四圍，赤地千里。如花雪大，遙經鳥鼠之山；吹草風低，誰睇牛羊之野。星軺既至，篳輅維勤，牖以絃歌，修其信睦。拜耿恭之井，則渴慰師徒；鑿鄭國之渠，則利饒灌溉。貨無棄於地下，寶藏俱興；人休臥於榻旁，金甌自固。曉鶯楊柳，漸回玉門之春；天馬葡萄，重振沙苑之業。倚匈奴為右臂，賂遺何必烏孫；示回紇以誠心，羅拜皆成赤子。河西是股肱之郡，李晟真社稷之臣。維時窮塞鵰盤，強鄰虎視，蘇俄與我壤土相接，日以侵略為事。公洞燭奸謀，力支危局。華離失正，錯地角之犬牙；槃敦要盟，戢野心於狼子。天驕未逞，世論攸高。乃復博采嘉言，宏揚清議，成立新疆省參議會，開張群治，綱紀一方。罄九能八顧之搜求，舉六府三事相程督。博望之通西城，無此鴻猷；仲升之護北庭，同其駿烈。此又一時也。官踰二千石，仁風致馴

雉之祥；名播大九州，治行與羔羊比潔。求諸往哲，不
愧循良。然此盡屬郡國之宏施，猶未及夫樞廷之大計
也。聞之王者無外，實混同其車書；遠人不徠，則修飭
其文德。四裔多阻，重譯為難。國民政府再造神州，聿
昭義問。薄齊侯之南討，貢責苞茅；懲穆王之西巡，歌
淒黃竹。思和五族，共濟中興，特設蒙藏委員會，專司
其事。公於民國廿五年被命為委員長，即以團結蒙古、
安定西藏為其施政方針。漢聲遠揚，蕃邸交賀。在昔明
妃北去，難禁馬上之琵琶；屬國南歸，空剩羝邊之旄
節。今則穹廬春暖，沙磧冰消。仁愿築受降之城，翁孫
畫屯田之策。誠輸率土，陰山之漢月初圓；籍列編氓，
紫塞之王庭已渺。雁足有長通之便，萬里傳書；燕支無
見奪之虞，千門增色。其於輯和部眾，鎮撫蒙疆，可謂
至矣。若夫西陲窵遠，藏地高寒。介居國行國之間，嚴
紅教黃教之別。其視朔漢，更在遐荒。溯贊府之源流，
分從禿髮；漸大唐之聲教，始自文成。甌脫同看，鞭長
興嘆。民國廿八年，中樞特派公前往西藏，主持第十四
輩達賴喇嘛轉世及坐床典禮。一障乘邊，遠蒞犛牛之
徼；千巖踏雪，直登靈鷲之峰。生佛既參，主權重建。
宣中朝德意，勝求碧雞金馬之神；耀大漢官儀，如睹丹
鳳祥麟之瑞。千廬拚躍，萬軌來同。極邊城之壯觀，洵
前世所未有。昔相如諭蜀，曾沸群言；魏絳和戎，斯成
霸業。非公之碩德清望，又烏克於蠻煙瘴雨之濱，雁海
龍沙之外，曜此威靈哉。其尤足述者，民國卅年，啣命
考察甘寧青三省軍政。翌年復隨今總統蔣公巡行西北各
省，呼籲團結，化除紛爭。念急難於鶺鴒，賦縶維於駒

谷。五侯上客，釋恩牛怨李之嫌；一日長安，得走馬看花之快。借其前箸，矢以同舟。結魯衛為弟兄，均秦越之肥瘠。用是關來紫氣，峽度青剛。作傅相之鹽梅，坐調玉鼎；洗漢家之兵馬，高挽銀河。西顧紆憂，北門固鑰。其有裨於禦侮，有造於邦家，固匪尋常汗馬之勳，所得而比擬也。民國卅五年，海氛告靖，京闕新歸，中樞以公為國民政府委員。日月光華，虎踞龍蟠之地；陰陽燮理，鳶飛魚躍之天。道在經邦，德隆輔世。閱二年，肇行邦憲，蔣公膺選首任總統，以公為總統府資政，嗣兼秘書長職。紫薇號華重之官，黃麻宣綸綍之命。侵晨入直，驗學士之花磚；抵暮衡書，對老人之藜杖。默扶元氣，芝自產於甘泉；密贊睿圖，樹不言於溫室。樞機所在，獻替彌多。既而虎出柙中，龍飛海滋。公辭秘書長職，專任資政，以迄於今。松勁歲寒，菊香晚節。風度不殊子壽，早傳金鑑之箴規；位望何減文饒，卻少平泉之花木。臣心如水，卿月在天。卅年不易狐裘，四海問其霜鬢。雖中國之相司馬，望切蠻夷；豫州之尊臥龍，優加禮數。舉以方此，又何異焉。綜公生平，儒雅若叔子，謀略擬留侯。出則為范韓，入則為房杜。秉智仁勇之三德，備清慎勤於一身。世運方新，耆英是賴。繼今而往，其為商山之四皓，磻溪之一老乎。淑配王夫人，比德於玉，同心斷金。美行著於閨庭，賢聲溢於里巷。少君樂道，相夫子以鹿車；魯侯引年，同令妻之燕喜。今歲四月一日（夏正二月廿八日），欣值七旬雙慶之辰。弧帨交懸，極嬋並耀。老而彌篤，齊案上之鴻眉；子又生孫，燦眼中之犀角。歡騰海屋，望若

神仙。某等仰止崧高，載歌天保。借東海麻姑之酒，奉延陵季子之觴。春台熙熙，赤烏几几。稀齡壽國，瞻鴻儀於九老圖中；明歲還鄉，拜鳩杖於八公山下。

陳銳夫、鄭西平、周墨卿、黃金鰲、戴曾錫、史文桂、劉兆璸、郭午嶠、金維繫、劉叔明、李程應蘭、劉和鼎、宋子英、丁鏡人、郭元嶠、郭麓嶠、沈氣含、段品莊、奚樹禮、魏壽永、馮慰農、劉植、郭寄嶠、鄭為元、劉基林、劉先義、王劍秋、江必應、段子駿、韋樹屏、王為、關長發、劉咸貴、溫煥然、束維濤、王守庚、張復禮、武漢、王守成、郭樹生、柯國維、阮永冶、吳光銀、卜珍富、楊德財、葛家樂、魏化灝、費濟民、郭子洵、陳雨村、李宗寅、王秉鈞、俞潤泉、陳俊之、陳運生、江絜生、陳邦鈿、徐尚勤、朱品威、沈榮哲、王思平、周仁貴、陳謷華、許鐵山、孫守財、劉慶雯、萬康言、蔣公達、王範宇、程仁傳、陳道銘、胡正權、吳祥孔、王可、梁克毅、劉咸元、鄭化倫、關先發、陸業傳、李浩然、俞倫秀、李冰、王伯松、夏傳連、王守沛、牛進恆、劉子文、金鏡人、劉德嫻、戴尚英、虞克裕、劉秉寬、姜昌倫、姜昌桂、劉四民、谷海山、李國彝、張載宇、鄭大任、吳君友、宋天正、王介艇、徐娟、周君器、周培智、鄭大偉、羅剛、吳廉信、王澤炎、樊淑琰、張俊良、張璟齡、孔祥筠、龔理昭、吳立生、李耀南、劉慶康、王秀春、李家旭、程敦民、陳壽山、吳勁驂、丁之烸、謝輔三、胡家炎、李道烜、馬以訓、許學純、孔少亭、周華、李瓊英、程正剛、吳讓權、戴樹仁、許輔仁、董文勳、張道猷、程開強、齊

鑫、王一鳴、韓景元、羅鴻恩、金仲奎、吳伯英、吳松泉、武子運、張斌、汪澄潔、王申宗、羅法慶、王公壁、李道和、周本連、金義超、武子初、武子鵬、王晉、丁潤生、丁吳漢璋、王少洲、劉大鵬、吳國鑑、梅鍵、胡秉正、衛學雲、郭煥章、宣善璵、許傅譜、李銳、王志和、賈成騫、丁戢武、劉繼鵬、曹頌楚、梁惠萍、程曼蓮、許斐章、蔡鎮藩、李敏婉、黃永世、金文真、程慶生、金英、汪之泉、丁建南、李國安、鄒傑夫、劉文祥、程桂芝、楊瑞淮、吳南山、周昆田

各友好祝壽詩詞

禮卿同志七十大慶

開國之功不可忘，于思尚及說其詳。

金陵未下資謀略，民立難支賴主張。

活國由來危益見，臨戎更是識彌強。

人生七十今猶壯，百歲還期祝萬方。

于右任　民國四十二年

吳公禮卿前輩七秩壽序

　　東吳啟霸，魯子敬推傑出之奇；北宋治平，包孝肅列名臣之數。咸同之際，文武雲興，赫矣少荃，身都將相。然則淮肥間氣，地靈人傑之符；申甫中興，嶽降嵩生之端。在於今日者，其唯禮卿先生乎！敢獻蕪詞，用彰偉績。當夫雲雷肇運，澤火揚輝，奮非虎於磻溪，從潛龍於蓬島。風馳電掣，下閩嶠如摧枯；馬放牛歸，主燕京之解甲。贊襄革命，公之功也。金陵虎踞，任總章溝；海市蜃樓，職司巡徼。都邑之風塵不警，吳淞之江水長清。警察滬寧，又公之功也。敬恭梓里，蔽芾棠陰。鳴珂歡動於鄉閭，畫錦情忘於富貴。黔中羅剎，恩深荒左之民；塞外天山，威鎮畏吾之族。疊圻布政，又公之功也。共和編於五族，肇域外乎九州。北踰大漠，盡成吉思汗之民；西度崑崙，悉禿髮烏孤之種。奠佛教紅黃之宗主，閱天山南北之兵戎。蒙藏乂安，又公之功也。斗極應紫微之宿，內運璣衡；中書高白粉之闈，實司詔令。陰陽既理，牛喘無聞；綸綍成章，龍光有耀。

謨謀帷幄，又公之功也。凡公參草昧如蕭酇侯，主金吾
如李嗣業，典邊事如蘇屬國，領節鉞如韋西川，謀軍國
如李鄴侯，掌文告如陸內相。挺百世之奇於一代，萃群
賢之用於一身。宜乎立功立事，可以永年；如圭如璋，
昭其令望者矣。今年二月十八日，公七十雙壽之辰，頌
陳燕喜，魯有令妻，詩美麟振，周徵公子，國瞻大老，
人慶古稀。十二重暫住蓬山，仙侶相偕而獻斝；八百歲
長欣椿壽，來年早祝於收京也。

晚洪蘭友恭撰並書

禮卿仁兄七秩大慶

立馬鍾山憶往年，結鄰海上各華顛。
當時袍澤何人在，此老聲名萬口傳。
籌策能為天下雨，康疆不亞地行僊。
來春我亦懸車日，事事皆須讓一鞭。
幾番慷慨濟艱難，舉國賢豪願識韓。
端合白衣稱宰相，還思赤手挽狂瀾。
巖疆治理勳猷在，海島棲遲歲月寬。
此日窩辰同祝嘏，采台歌舞有餘歡。

愚弟戢翼翹敬祝

禮卿先生七秩大慶

世澤延陵遠，堂堂七十人。青郊瞻蔽茀，黃閣裕經綸。
楊柳關前月，桑榆海上春。百年資廟略，行與靖胡塵。

沈鴻烈敬祝

禮卿先生七十華誕雙慶

英年懷壯志，投筆事戎行。頻擊渡江楫，期登民主航。
同盟從國父，革命薄商湯。一舉覆清室，三民奠政綱。
勳勞徵汗馬，姓氏耀旗常。肆惡多餘孽，瀕危作保障。
幸而培羽翮，終以掃攙槍。蚤繫蒼生望，更逢運會昌。
八年典藩政，三省護甘棠。遺愛今猶在，賢聲已遠揚。
和風周佛境，霖雨到邊疆。息影觀蓬島，荷戈向虎倀。
撫髀不覺老，把酒待還鄉。車可懸乎未，佇看六蠹張。

　　　　　　　　　　　　　　　　　弟孫鏡亞敬祝

丈人七十我五十，竊比眉山壽潞公。
一掃凡言獻真率，惟將本色寫英雄。
平生出處關天下，間氣承傳壯皖中。
國士酬知媿何有，遙歌偕老轉鴻濛。
癸巳中春大士誕辰前一日為禮老世丈希齡攬揆雙壽。

　　　　　　　　　　　　　　　　世愚姪李煒撰句書祝

禮卿吾兄七秩雙壽

勳勤黨國，仰先鞭前席從容。
重大賢愷，悌臨民群嚮化覬。
危杖節，遠籌邊，欣逢嶽降生申日，來頌古稀皆老年。
九十春光今正好，蓬壺嘉會酒如泉。

　　　　　　　　　　　　　　　　　弟何應欽敬祝

禮卿先生七秩大慶

風懷月袍紫霞仙，蓬島春開七秩誕。
一代勳名文潞國，當時詞賦柳屯田。
釣游陳跡留吳苑，匡復孤心繫日邊。
在莒未忘資政事，故應美意自迎年。

蔣鼎文敬祝

禮卿吾兄七秩雙壽

淮沘自昔毓英奇，文武通才此一時。
布政屢當方面任，安邊長慰遠人思。
筵開海上賓朋集，節值春中景物熙。
鳩杖齊年尊二老，康疆眉介祝期頤。

弟顧祝同敬祝

禮公暨夫人七秩雙壽

黨國尊元老，大名天下知。棠疆傳惠愛，蔥嶺仰威儀。
象服人同壽，鶯花酒可持。中興資轉翊，賡詠九如詩。

韓德勤、韓尹淑貞敬祝

民國日記 76

吳忠信日記（1952-1953）
The Diaries of Wu Chung-hsin, 1952-1953

原　著　吳忠信
主　編　王文隆
總 編 輯　陳新林、呂芳上
執行編輯　李佳若
封面設計　陳新林
排　版　溫心忻

出　版　 開源書局出版有限公司

香港金鐘夏愨道 18 號海富中心
1 座 26 樓 06 室
TEL：+852-35860995

民國歷史文化學社 有限公司

10646 台北市大安區羅斯福路三段
37 號 7 樓之 1
TEL：+886-2-2369-6912
FAX：+886-2-2369-6990

http://www.rchcs.com.tw

初版一刷　2021 年 8 月 31 日
定　價　新台幣 350 元
　　　　港　幣　95 元
　　　　美　元　13 元
I S B N　978-626-7036-11-2
印　刷　長達印刷有限公司
台北市西園路二段 50 巷 4 弄 21 號
TEL：+886-2-2304-0488

版權所有・翻印必究
如有破損、缺頁或裝訂錯誤
請寄回民國歷史文化學社有限公司更換

國家圖書館出版品預行編目 (CIP) 資料
吳 忠 信 日 記 (1952-1953) = The diaries of Wu
Chung-hsin, 1952-1953/ 吳忠信原著；王文隆主
編 . -- 初版 . -- 臺北市 : 民國歷史文化學社有限公
司 , 2021.08

面；　公分 . -- (民國日記 ; 76)

ISBN 978-626-7036-11-2　(平裝)

1. 吳忠信　2. 傳記

782.887　　　　　　　　　　110013462